毎日食べたい
食パン

プロ10人の"ワザあり"レシピと
おいしい食べ方

はじめに

　食パンは、ベーカリーの棚のなかでは地味な存在です。お客さまがまず向かうのは、菓子パンや惣菜パンの賑やかな棚。食パンはその背後にひっそりと並んでいます。確かに、食パンにはバゲットのような小粋さはないし、デニッシュのような華もありません。でも、毎日食べても飽きないパンといえば、食パンをおいてほかになく、ベーカリーにとって毎日予約が入るアイテムといえば、やっぱり食パン。食べる側にもつくる側にも、なくてはならない頼れる存在です。

　食パンは昔から、生活に密着したパンでした。イギリスから日本に伝わり、販売されるようになったのが明治初期。主食になるパンということで、「食パン」と呼ばれるようになったとか。時代が下って現代でも、朝の食卓に欠かせない存在です。それどころか、さらにおいしく、楽しく変貌を遂げています。

　本書では、プロが技術を尽くして焼き上げる"ワザあり"の食パン18種類を紹介します。角食や山食にはじまり、牛乳や豆乳パン、胚芽パン、米粉パンなど、プレーンなものだけでもバラエティ豊か。さらに、レーズンやナッツ入り、コーヒーやチョコレート風味、小豆や栗入りなど、楽しい仕掛けがいっぱいの甘いタイプも勢揃い。シェフ達は、どんな風にして「おいしさ」を創り出すのでしょう。パンの数だけ、ストーリーがあります。また、トーストしてバターやはちみつをぬったり、野菜やチーズをのせたりして、手軽にお気に入りの味にできるのも、食パンのいいところ。食パンがもっともっと好きになる、おいしい食べ方もあわせて紹介します。

CONTENTS

*ページ数が2つあるものは、左が写真のページ、右がレシピのページ

耳があるから食パンなのだ。 **06**

食パンづくりのお約束 **08**

chapter 1
1日の始まりはトーストから
毎日食べたい食パン

アングレ **10**
カタネベーカリー
バターとジャムの究極のトースト **13**

米粉の食パン **30**
トースト ネイバーフッドベイカリー
温野菜のピーナッツバター
味噌ソースパン **33・85**

マンマーノブレッド **14**
ブーランジェリー・エ・カフェ マンマーノ
シンプル卵サンド **17・84**

胚芽食パン **34**
ネモ・ベーカリー&カフェ
B.L.T. **37**

とらや食パン **18**
とらやベーカリー
バルサミコチキンサンド **21・84**

五穀食パン **38**
とらやベーカリー
れんこんとえびの
オープン和サンド **41・85**

ジャージー乳のプルマン **22**
トースト ネイバーフッドベイカリー
ハム&パイナップルの
デリシャストースト **25・85**

野菜の食パン **42**
ブーランジュリー&パティスリー カルヴァ
豆乳MISOポタージュと野菜パン **45・86**

S100──豆乳の食パン **26**
ダン ディゾン
デリ風惣菜パン **29・85**

アマンドレザン **46**
カタネベーカリー
クリームチーズとはちみつをぬった
ナッツ&レーズンパン **49**

◎撮影　海老原俊之
　　　　大山裕平
　　　　長瀬ゆかり
　　　　浅山美鈴
◎デザイン　片岡修一（PULL/PUSH）
◎アレンジレシピ・スタイリング　野口英世
◎編集　美濃越かおる
　　　　吉田直人
　　　　坂根涼子
　　　　諸隈のぞみ
　　　　松野玲子

こんな型を使っています。50

chapter 2
やめられない、とまらない
甘い食パン

コン ルーバ 52
トラスパレンテ
レーズンバーの
アップルジャムソース 55・86

抹茶＆大納言 72
パナデリーア ティグレ
抹茶＆大納言の
アングレーズソース 75・87

アニス・エ・イーゴ 56
パナデリーア ティグレ
マスカルポーネといちじくの
タルティーヌ 59・86

デリツィア ラ チョコラータ 76
トラスパレンテ
ビターチョコのショートケーキ 79・87

エスプレッソ食パン 60
ネモ・ベーカリー＆カフェ
キャラメルマキアートパン 63・86

チビくり 80
ブーランジェリー パサージュ ア ニヴォ
スパイシーチャイとチビくり 83・87

ムナ 64
ブーランジェリー パサージュ ア ニヴォ
オレンジ風味の
デザートパンプレート 67・86

本書のパンのお店 88

栗とカシスの食パン 68
ブーランジュリー＆パティスリー カルヴァ
メープルくるみバターのディップパン 71・87

型にぎゅっと押しつけられて耳ができます。

　食パンの一番の特徴は、耳があること。表面の、きつね色のかたい部分が耳です。これは型に入れて焼くことで生まれます。
　パン生地は、焼くと膨らみます。イーストなどの酵母が熱に反応してガスを発生したり、生地中の空気が熱膨張したり、生地中の水分が水蒸気となって生地を膨らませるのです。型に入れずに焼くパンは、好きなだけ膨らむことができますが、食パンは型に行く手を阻まれ、それ以上に膨らむことができません。もっと膨らみたいと生地は内側からぎゅうぎゅうと押すものの、型はびくともせず、生地を閉じ込めます。このときに型に押しつけられてできるのが、耳。型の温度はオーブン庫内とほぼ同温の、200℃を優に超える高温ですから、型に触れていた部分には熱がじかに伝わり、香ばしい焼き色がつくのです。フライパンで肉を焼くと、肉の表面に焼き色がつくのと同じ理屈です。

食パンづくりの秘訣
耳があるから食パンなのだ。

厚くて柔軟性があるから"耳"なんです。

　パンの焼き色のついた部分をクラスト、白い部分をクラムと呼びます。食パンでいうと、耳がクラスト、内側の白くてやわらかい部分がクラムです。
　食パンのクラストには、他のパンにはない特徴があります。ひとつは、厚みがあること。パンのクラストといえば、通常は皮1枚の薄さ。パン・ド・カンパーニュのような大型のパンは、焼成時間が長いため、クラストが厚くなりますが、それでも側面や上面のクラストが角食パンのように厚くなることはありません。
　もうひとつの特徴は、厚いのにガリガリとかたくないこと。バゲットなどのハードパンのクラストは、スライスしたときに割れるほどかたいものですが、食パンのクラストは適度にしっとりとして、指で押すとたやすくへこむ柔軟性があります。香ばしくて歯ごたえはしっかりしているのに、食べやすい──これが食パンの耳の魅力です。
　でも、時として耳は敬遠されることも。「モソモソしていて苦手」という人には、その厚さがやっかいなのです。

耳に守られているから
クラムはやわらか。

　食パンのクラムはクラストとは対照的に、色は白く、しっとりとしてやわらかです。小さな子どもからお年寄りまで、誰でも食べられるやさしい食感と口溶けのよさが大きな魅力です。
　しっとりとやわらかな食感は、型で焼くことによって生まれます。型が水分の蒸発を阻むため、しっとりと焼き上がるのです。しかも、焼き上がったあとも分厚い耳が水分の蒸発を防ぐため、やわらかさが持続します。
　口溶けのよさは、小さな気泡を無数に含む、きめの細かい生地をつくることで得られます。タンパク質を多く含む強力粉を使ってグルテンの形成をうながしたり、油脂や乳製品を加えて生地ののびをよくしたり、発酵が最も安定しているイーストを使ってガスを十分に発生させるなど、いくつもの要素を組み合わせて、きめの細かい生地をつくります。

食パンの食感と風味を決める
さまざまな要素。

　食パンの食感は、型のタイプや材料によって変わってきます。蓋つきの型で焼く角食は、水分が多く残ってしっとりします。蓋なしで焼く山食は、上にぐんと膨らんで気泡が縦長にのび、ややきめが粗くなるものの、トーストするとサクッと軽やかになります。
　材料の面では、生地に油脂を多く入れると口溶けがなめらかになり、乳製品を多く使うとなめらかさに加えて風味も増します。また、糖分を増やすと焼き色が濃くなり、耳の香ばしさが増します。
　さらに、前日の生地を加えたり、自家製酵母を使った発酵種を加えたりするのが、昨今の食パンづくりの潮流です。すでに発酵している材料を加えることで、生地に熟成感が加わり、うまみが増したり、味に奥行きが生まれます。また、状態のよい発酵物を加えることにより、パンにとって好ましい菌が増殖しやすい環境がつくられ、雑菌の繁殖を防いでパンの日持ちをよくする効果もあります。

食パンづくりのお約束

● 材料のこと

小麦粉、ライ麦粉、米粉など、粉末状の材料はふるって使用します。

「粉」と表記したものは、小麦粉、ライ麦粉、米粉を指します。

● ミキシングのこと

本書に登場するミキサーは、縦型ミキサーとスパイラルミキサーの2タイプ。縦型ミキサーはボウルが固定され、フックが回転。鉤形のドラゴンフックとらせん形のスパイラルフックの2種類があります。一方、スパイラルミキサーは、ボウルとフックのそれぞれが回転。こちらのフックはらせん形です。いずれも、回転速度は機種によって異なります。

こね上げ温度は、材料の温度でコントロールします。粉類を冷蔵庫で冷やしておいて常温の水を使ったり、粉類は常温保管して氷水や冷水を使ったり、方法はシェフによってさまざま。ミキシング時間が長くなるほど、室温が高いときほど、こね上げ温度は上昇します。

ミキシング時に混ぜるバターは、特に記述がなければ、生地に混ざりやすいようにかたさを調節したものです。力を入れると手でちぎれる程度が目安です。

ミキシング中は必要に応じて、ボウルに付着した材料をカードで掻き落とします。また、混ざりにくい材料は、手やカードでざっと混ぜてからミキサーを作動させます。

● 生地の扱い方

生地を扱うときは、必要に応じて手に小麦粉をつけたり（手粉）、作業台や生地に小麦粉をふったり（打ち粉）、発酵ケースに油脂をぬるなどして生地の付着を防ぎます。手粉や打ち粉には、さらさらした強力粉が適しています。

発酵中やベンチタイム中は、生地を入れた発酵ケースの上に別のケースを重ねたり、蓋をしたり、ビニールシートをかけるなどして生地の乾燥を防ぎます。

● 焼成のこと

オーブンの火のまわり方にムラがある場合は、焼成時間の後半に、型の向きを変えたり、位置を変えるなどして焼きムラを防ぎます。動かすタイミングは、生地が完全に膨らんで、焼き色がつき始めてから。

オーブンからパンを取り出した直後に、型を台に叩きつけるのは、パンにショックを与えて内部の水蒸気の一部を抜くためです。これにより、パンが腰折れしにくくなります。

● 分量・温度・時間のこと

小麦粉やライ麦粉は同じ銘柄のものでも、ロットや時期の違いによって、状態や成分が若干変わります。その変化に対応するために、シェフ達は日々、水分量を調節しています。また、ミキシングの速度と時間、発酵、ベンチタイム、焼成の温度と時間は、生地の量、厨房の温度や湿度、ミキサーやオーブンの機種によって変わってきます。本書掲載の数値は、あくまでも目安です。

配合率（％）はベーカーズパーセントで表しました。小麦粉、ライ麦粉、米粉の合計量を100％としたときの比率です。

小さじ1は5mℓ、大さじ1は15mℓ、1カップは200mℓを表します（1mℓ＝1cc）。

＊本書掲載のパンとお店の情報は、2011年10月時点のものです。

chapter 1

1日の始まりはトーストから
毎日食べたい食パン

ひと口に食パンといっても、型に蓋をして箱形に焼く"角食"、蓋をしないで山形に膨らませる"山食"、コンパクトサイズのプルマンなど、姿形はさまざま。風味や食感も、サクッとしたプレーンから、牛乳たっぷりのふんわりタイプ、米粉でつくるもっちりタイプなど、これまたいろいろ。あなたはどんな食パンが好きですか？

アングレ

カタネベーカリー
Katane Bakery

片根大輔

味の終点は食べる人が決める。
その余地を残すのが食パンの鉄則

　毎日食べておいしいパン——それが僕の考える食パンです。朝はまだ胃が半分寝ているから、口溶けのよさと軽さが大切。このパンは、8枚切りくらいにスライスしてトーストすると、サクサクします。その軽さこそ、蓋をせずに焼く山形パンの魅力です。オーブンの中でのびのびと膨らませることで実現する食感なんです。

　食パンの味わい方は、人それぞれ。ご飯もそうですよね。どんなふうに食べるかは好みによるし、お腹の空きぐあいにもよる。食パンの場合も、僕の焼き上げたものが味の終点ではないと思うんです。買ってくださる方一人ひとりが、好きな食べ方ができるように、ちょっとした余地を残しておきたい。そこが食パンと他のパンの一番の違いじゃないかな。

　このパンはオープン以来、10年近くつくり続けている定番商品ですが、気がついたらレシピが変わっていました。たとえば、小麦粉の銘柄や配合が変わったり、前日のバゲット生地の量を減らして、ルヴァンリキッドを使うようになったり……。あらためてふり返れば、変化の理由を「酵素活性をよくしたかったから」とか、「もっと熟成感がほしかったから」などと説明することもできるんですが、それは後づけかな。後から考えて思うのであって、最初から理詰めで考えてはいないんです。ただ、もっとおいしく、もっとお客さまに満足していただけるようにと、日々手を動かしているうちに、このパンは進化してきました。それをしつこく、あきらめずにやるのが、僕流のパンづくりなんです。

3時にミキシング開始、9時半に窯出し。僕の一日はこのパンから始まる

よしよし、いい感じに発酵してる。あとは焼くだけ。窯のびしますように

	工程	詳細
1	ミキシング	縦型ミキサー(スパイラルフック) 低速2～3分→常温(26℃)・30分→低速1+2分→中速4分 →バター入れ→低速1分+中速3分 こね上げ25.5～26℃
2	一次発酵	常温・90分
3	パンチ・ベンチタイム	三つ折り×2回　常温・30分
4	分割・丸め・ベンチタイム	430g・丸形　常温・25分
5	成形	丸形×3個　37×11×高さ13cmの三斤型
6	最終発酵	30℃・湿度70%・90分
7	焼成	上火245℃・下火255℃・25分(窯入れ後にスチーム) →上火235℃・下火245℃・20分

材料と配合(粉7.5kg仕込み*1)

- 強力粉(セイヴァリー／日清製粉)　80%・6000g
- 国産強力粉(はるゆたかブレンド／江別製粉)　20%・1500g
- 牛乳　20%・1500g
- 水　50%・3750g
- グラニュー糖(粒子の細かいタイプ)　5%・375g
- モルト水*2　1.2%・90g
- ルヴァンリキッド*3　5%・375g
- セミドライイースト(レッド／サフ)　0.6%・45g
- 塩　2.1%・157.5g
- 前日のバゲット生地　15%・1125g
- 発酵バター(無塩)　5%・375g

1 ミキシング

①ミキサーボウルに牛乳、水、グラニュー糖、モルト水、小麦粉を入れ、低速で2～3分間混ぜる(A)。ミキサーをとめ、ボウルにビニールをかぶせて常温に30分間おく。
②ルヴァンリキッド、セミドライイーストを加えて低速で1分間混ぜ、塩を加えて2分間混ぜる。
③前日のバゲット生地を加え、中速で4分間こねる(B)。ここでグルテンをしっかり形成させておく。
④バターをちぎって加え、手で生地になじませる(C)。低速で1分間混ぜ、中速に上げて3分間こねる。こね上げ温度は25.5～26℃。とてものびのよい、しっかりとコシのある生地になる(D)。

＊①で常温放置して酵素を十分に働かせ、のびのよい生地にする。
＊ルヴァンリキッド、前日のバゲット生地という2つの発酵物を加えることで、熟成感が深まる。
＊ルヴァンリキッドには、日持ちをよくする効果もある。

2 一次発酵

生地をまとめて発酵ケースに入れ(E)、常温で90分間発酵させる。倍以上に膨らむ(F)。

E 発酵前　F 発酵後

3 パンチ・ベンチタイム

①生地を作業台にあけ、手のひらで軽く押さえてガスを抜き、左右から三つ折りにする(G)。
②手前と奥から三つ折りにする(H)。
③折り終わりを下にしてケースに戻し(I)、常温に30分間おく。

4 分割・丸め・ベンチタイム

①生地を作業台にあけ、430gに分割する(J)。
②手のひらで軽く押さえて平らにならし、裏返す。手前から2回たたんで三つ折りにする。
③生地の向きを90度変え、軽く押さえて、手前から2回たたんで三つ折りにする。
④両手をそえて軽く丸める(K)。内部をぎゅっと締めつけないように、やさしく扱う。
⑤きれいな面を上にして発酵ケースに並べ(L)、常温に25分間おく。

＊生地を押さえるときは、グルテンの網目の間の空気を抜きすぎないように軽く行う。丸めるときは、グルテンの網目をこわさないようにやさしく行う。こうすると口溶けよく仕上がる。

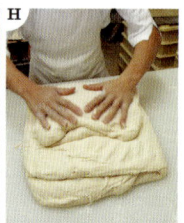

＊1 この分量で仕込んだ生地から11.61kgを使用し、三斤型9本分をつくる。残りは別の商品に使用。
＊2 モルトエキスを同量の水で溶いたもの。

＊3 ルヴァンリキッドのつくり方：ライ麦粉と水を混ぜてゆるいペースト状にし、常温（26℃）で発酵させる。これに小麦粉と水を混ぜて発酵させることを約1週間くり返し、ヨーグルトのような酸味の液種を完成させる（写真）。毎日、種継ぎする。

こんな風に食べてみたら：トーストして発酵バターといちごジャムを重ねぬり。甘酸っぱくてサクサク。カタネカフェの朝食メニューだ

5 成形

①生地を作業台に移し、手のひらで軽く押さえて平らにし、裏返す。手前から2回折って三つ折りにする。全体を軽く押さえる（M）。
②生地の向きを90度変え、再び手前から折り（N）、もう一度折って三つ折りにする。
③両手をそえてやさしく丸める（O）。内部をぎゅっと締めつけないよう、やさしい力で行う。
④離型油を吹きつけた三斤型に、きれいな面を上にして3個ずつ入れる（P）。

＊生地の押さえ方・丸め方は、4の＊印の要領にならい、口溶けよく仕上げる。

6 最終発酵

30℃・湿度70％のホイロで90分間発酵させる。型の4割ぐらいだった生地が、9割まで膨らむ（Q）。

＊やや高めの温度で十分に発酵させ、窯のびをよくする。

7 焼成

①上火245℃・下火255℃のオーブンに入れ、スチームを少量入れる。最初の10分間で生地が大きく膨らむ（R）。
②25分たったら、上火235℃・下火245℃に下げ、20分間焼く。表面の片側に裂け目が入り、上面が濃いきつね色に色づく程度が焼き上がりの目安。
③オーブンから出したら、型の底を台にどんと打ちつける。すぐに型からパンを取り出し（S）、網にのせて冷ます（T）。

＊裂け目が入るくらい窯のびさせると、口溶けよく、軽い食感になる。
＊表面が色づき始めたら型の向きや位置を変え、焼きムラを防ぐ。

マンマーノブレッド

ブーランジェリー・エ・カフェ マンマーノ
Boulangerie et Café Main Mano

毛利将人

乳清種と牛乳から生まれる
まろやかな口溶け

　食パンは姿形が決まっていますし、材料や製法も比較的シンプルですから、どれも似たりよったりと思うかもしれません。でも、そんなことはないんです。単純なものほど違いが出やすく、難しい。僕がこのマンマーノブレッドでイメージしたのは、しっとり感ともっちり感のバランスがよく、ふんわりしていて、しかも歯切れのいいパン。その食感を実現するために、材料や配合、製法を変えて、100回以上試作をくり返しました。
　このパンの一番の特徴は、乳清種を使っていることです。乳清種とは、澄ましバターをつくったときに残る沈殿物を利用した自家製発酵種で、パンの風味や保存性を高めたり、生地のでき上がりが早くなるなど、さまざまな効果があるんです。牛乳だけで練っている生地なので、牛乳由来のこの種は相性がいいのでしょう。ヨーグルトも混ぜており、こちらは生地にのびを与え、風味にコクを与える役割です。
　クラムのしっとり感やきめの細かさは、やはり蓋をして焼く角食パンならではのもの。そのまま食べると、やさしくまろやかな口溶けをミルキーな風味とともに楽しめますし、軽くトーストすると、牛乳やバターがふわっと香り立ち、サクサクした歯切れのよさが際立ちます。僕はこのパンに強い個性を与えていません。毎日食べていただきたいものだからです。個性は強くなくても、食感や風味など細部にこだわって、さまざまな年齢層のお客さまに日々食べていただける商品にしました。名前に店名を冠したのは、僕自身が思い入れのある、大好きなパンだからなんです。

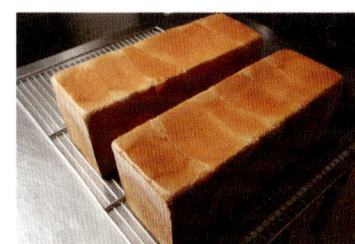

角食好きに耳好きは多い。型に押しつけられて焼き固まるその厚みがいいのだ

黒ごま(手前)やくるみ(奥)を練りこんで、蓋をせずに山食にアレンジ

1	ミキシング	スパイラルミキサー 低速2分→常温(夏期25〜27℃/冬期18〜22℃)・15分 →低速2分＋中速4〜5分→バター入れ→低速2分＋中速2分 こね上げ23〜24℃
2	一次発酵・パンチ	28℃・湿度80%・90分　60分経過後に三つ折り×3回パンチ
3	分割・丸め・ベンチタイム	230g・丸形　28℃・湿度85%・30分
4	成形	俵形×6個　37×12.5×高さ14cmの三斤型
5	最終発酵	29℃・湿度79%・60分
6	焼成	上火210℃・下火235℃・60〜70分

材料と配合(粉5kg仕込み・8本分)

- 強力粉(ミストラル／日清製粉)　80%・4000g
- 中力粉(雪／日清製粉)　20%・1000g
- ヨーグルト(無糖)　10%・500g
- モルトエキス　0.6%・30g
- 牛乳　80%・4000g
- セミドライイースト(ゴールド／サフ)　1.2%・60g
- ビタミンC(粉末)　0.5%・25g
- 塩(フランス産海塩)　2%・100g
- グラニュー糖　8%・400g
- 乳清種*　10%・500g
- 無塩バター　10%・500g

1 ミキシング

①ミキサーボウルに小麦粉を入れる。
②ヨーグルトにモルトエキスを混ぜ、牛乳の1／4量を加え混ぜ、これを①に加える。残りの牛乳も加える。
③低速で2分間混ぜ、水分がなじんだらミキサーをとめる。セミドライイーストとビタミンCを加える。
④塩とグラニュー糖を混ぜ合わせ、③に加える(イーストに触れないように)。乳清種も加える(A)。ミキサーボウルにビニールをかぶせ、そのまま常温に15分間おく。
⑤低速で2分間混ぜ、中速に上げて4〜5分間こねる。ここでグルテンをだしておく。
⑥バターを4〜5等分にちぎって加え、手で生地になじませる。低速で2分間混ぜ、中速に上げて2分間こねる。こね上げ温度は23〜24℃。のびのよい生地になる(B)。

＊④で常温放置して粉に水分を浸透させる。これにより、生地ののびがよくなり、グルテンの形成が早まる。

2 一次発酵・パンチ

①生地をまとめて発酵ケースに入れ(C)、28℃・湿度80%のホイロで90分間発酵させるが、60分経過後に②〜④の要領でパンチを行う。
②生地を作業台にあけ、手のひらで全体を叩いてガスを抜く。
③左右から三つ折りにし、手前と奥からも三つ折りにする(D)。
④生地の向きを90度変え、左右から三つ折りにする。
⑤折り終わりを下にしてケースに戻し、①と同条件でさらに30分間発酵させる(E)。

＊パンチも生地づくりの一工程。ガス抜きして新しい空気を入れると発酵が進みやすくなり、折ることで生地が張り、窯のびしやすくなる。

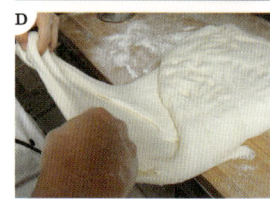

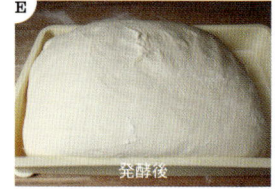
発酵後

3 分割・丸め・ベンチタイム

①生地を作業台にあけ、230gに分割する(F)。
②ガスを抜きつつ、両手で手早く丸め、きれいな面を上にして発酵ケースに並べる(G)。
③28℃・湿度85%のホイロに30分間おく。

＊分割後の生地をすぐに丸めるために、分割・丸めは2人で分担して作業する。
＊丸めるときはしっかりとガスを抜く。スピードは大事だが、ぞんざいに扱わず、丁寧に。

＊乳清種のつくり方：バターを液状に溶かし、放置して上澄み（澄ましバター）と沈殿物（乳清）に分離させる。乳清と強力粉を同割で混ぜ、常温で発酵させる。これに強力粉と水を足して発酵させる種継ぎを3～4回くり返し、1週間ほどかけて生地種として完成させる（写真）。1日おきに種継ぎする。

こんな風に食べてみたら：やさしくまろやかな口溶けのクラムは、卵サンドにぴったり。黒オリーブを混ぜると大人向きの味に　⇒レシピP.84

4　成形

①モルダーに生地を2回通して俵形にする（H）。
②ショートニングをぬった三斤型に、巻き終わりを下にして6個ずつ入れる（I）。

＊大量の生地を一気に均一な形状に成形するには、モルダーの使用が効果的。2回通すと適度にガスが抜け、形も整う。

H

I

5　最終発酵

29℃・湿度79％のホイロで60分間発酵させる。

＊型の4割程度だったものが、8割まで膨らむ。

6　焼成

①型に蓋をし（J）、上火210℃・下火235℃のオーブンで60～70分間焼く。
②オーブンから出したらすぐに蓋を取り、型の底を台にどんと打ちつける（K）。上下を返してパンを取り出し、網にのせて冷ます。

＊焼成途中で型の向きや位置を変え、焼きムラを防ぐ。

J

K
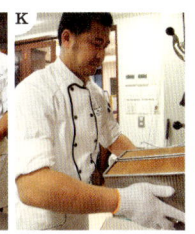

とらや食パン

とらやベーカリー
TORAYA BAKERY

森岡　進

水分量の多さと
長時間発酵が生む"消える"口溶け

　とらや食パンは、分厚く切ってトーストしたときに真価を発揮します。歯ざわりはサクッと軽く、すっと消えてなくなるような口溶けのよさが魅力です。お茶やコーヒーと一緒じゃなくても、まったく抵抗なく食べられる。そんな感覚をねらっています。ポイントのひとつは水分の量です。一般的な食パンの水分量は粉に対して70％程度ですが、このパンは約90％と多いんです。水分を増やせば口溶けがよくなる——理屈では簡単なことですが、形にするのは容易ではありません。セオリーから少しはずれただけで、プロセス全体の再構築が必要になるのです。このパンの場合、こね上げた生地はきわめてゆるく、扱いが非常に難しい。そこで、こね上げ温度を20℃におさえたり、生地を低温のドウコンディショナーでいったん締めてからパンチや成形を行うなどの工夫が必要になります。焼成も一筋縄ではいきません。角食にしようとしたり、クラストを薄く焼こうとすると、水分がうまく抜けず、腰折れしてしまいます。結果として、スタイルは山食、クラストは厚めの仕上がりになりました。

　長時間発酵も、ねらった食感、また小麦の風味やうま味を引き出すためのポイントで、ごく微量のイーストを使い、徐々に温度を上げながら計21時間30分発酵させる方法をとっています。

　食パンはシンプルなアイテム。だからこそ、セオリーに縛られていては、「うちのパン！」と胸を張れる強力なオリジナリティを生み出すのは難しい。トライ＆エラーをくり返しながら理想に近づけてきましたが、まだまだ発展途上。これからも進化の可能性を探っていきたいと思っています。

ドウコンのタイマー機能で4℃→15℃→20℃と温度を変えつつ発酵

型ひとつで3斤分を焼く。焼成時間は52〜55分で、湿度が低い場合は長め

1	ミキシング	縦型ミキサー(ドラゴンフック) 低速3分→中速15〜20分→バター入れ→低速5分 ＊ミキサーの回転速度は既製品よりも25％遅い設定　こね上げ20℃
2	折りたたみ	三つ折り×1回→二つ折り×3回
3	一次発酵	15℃・湿度75％・8時間
4	パンチ	三つ折り×2回
5	二次発酵	4℃・湿度75％・6時間→15℃・湿度75％・4時間 →20℃・湿度75％・2時間
6	分割・成形	400g×3個・丸形　36.5×12.3×高さ14.3cmの角型
7	最終発酵	30℃・湿度75％・90分
8	焼成	上火180℃・下火250℃・52〜55分

材料と配合（粉5kg仕込み）[*1]

強力粉（イーグル／日本製粉）　100％・5000g
塩　2％・100g
グラニュー糖　3％・150g
インスタントドライイースト（赤ラベル／サフ）　0.2％・10g
モルト溶液[*2]　0.6％・30g
牛乳　40％・2000g
水　48％・2400g
無塩バター　5％・250g

＊1　この分量で仕込んで6本分をつくり、余り（約350g）は別の商品に使用。
＊2　モルトエキスを同量の水で溶いたもの。

1 ミキシング

①ミキサーボウルにバター以外の材料を入れ、低速で粉っぽさがなくなるまで3分間混ぜ、中速に上げて生地がまとまるまで15〜20分間こねる（A）。
②バターを加え、低速で5分間こねる。こね上げ温度は20℃。ベタベタして、引っ張ると切れずによくのびる生地になる（B）。

＊生地にストレスをかけないように、ミキサーの回転速度を既製品よりも25％遅い設定にしている。水分量が多いため、こねはじめはかなり水っぽいが、時間をかけてこねることでグルテンがしっかりと形成され、次第にまとまるようになる。

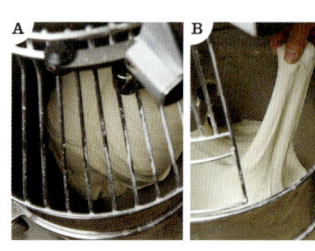

2 折りたたみ

①生地を作業台に取り出し（C）、三つ折りにする。
②90度ずつ向きを変えながら二つ折りを3回行って生地をまとめていく（D）。

＊生地の表面に張りをもたせ、きれいに膨らませるのがねらい。
＊こね上げたばかりの生地は、水分量が多いため、たぷたぷしていて扱いにくい。温度が上がるとさらに扱いにくくなるため、この作業はスピーディに行う。

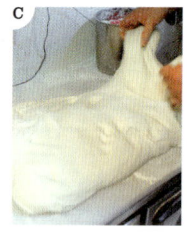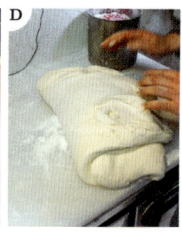

3 一次発酵

生地をボウルに入れ（E）、ビニール袋で包む。15℃・湿度75％のドウコンディショナーで8時間発酵させる。2倍ほどに膨らむ（F）。

＊発酵ケースやバットに入れると、生地が非常にゆるいために横に広がってしまい、発酵後に取り出しにくい。

4 パンチ

①生地を作業台に取り出し、三つ折りにする（G）。
②90度向きを変えて再び三つ折りにする（H）。

＊低温のドウコンディショナーで一次発酵させたことで、生地は締まり、扱いやすくなる。ただし、パンチの間にも室温の影響でどんどんだれていくため、作業はスピーディに行う。

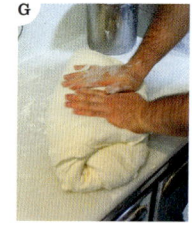

こんな風に食べてみたら：厚切りスライスでジューシーなてり焼きチキンをサンド。歯ごたえのあるクラストが魅力 ⇒レシピP.84

5　二次発酵

①生地をボウルに入れ（I）、ビニール袋で包む。
②ドウコンディショナーのタイマー機能を使って発酵させる。設定条件は、4℃・湿度75％・6時間→15℃・湿度75％・4時間→20℃・湿度75％・2時間。計12時間発酵させる。1.5倍に膨らむ（J）。

＊発酵ケースやバットに入れると、生地が非常にゆるいために横に広がってしまい、発酵後に取り出しにくい。

6　分割・成形

①生地を作業台に取り出し、400gに分割する（K）。
②二つ折りにし、90度向きを変えてさらに二つ折りにする（L）。
③生地に横から手のひらをあて、身体に対して内回りに生地を回転させる（M）。生地の中心に軸を想像し、そこに巻きつけるようなイメージで。上から押さえるようにして丸めると、生地がだれてしまう。
④とじ目を下にして、角型に3個ずつ入れる（N）。

＊低めの温度で二次発酵させたことで、生地は締まり、扱いやすくなる。ただし、この作業の間にも室温の影響でどんどんだれていくため、作業はスピーディに行う。生地への温度の影響や作業効率を考慮して、分割後はすぐに成形する。

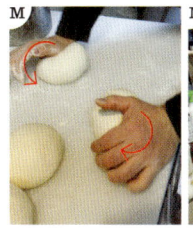 

7　最終発酵

30℃・湿度75％のドウコンディショナーで90分間発酵させる（O・P）。

8　焼成

①上火180℃・下火250℃のオーブンで52〜55分間焼く（Q）。
②焼き上がったらすぐに型から取り出す（R）。十分に冷ましてから、3等分に切り分ける。

＊生地の水分量が多いため、一般的な食パンよりも焼成時間は長い。腰折れを防ぐため、クラストは厚くなるが、十分に焼きこむこと。

ジャージー乳のプルマン

トースト ネイバーフッドベイカリー
TOAST neighborhood bakery

鈴木清文

イギリス風プルマンを
ジャージー乳生クリームで口溶けよく

　ジャージー乳の生クリームを使って、口溶けのよい食パンをつくってみたい——それがこのパンの出発点でした。特徴は、クラムの口溶けのよさ、そしてクラストの香ばしさと薄さ。クラムとクラストを無理なく一緒に味わえるように、と考えた結果です。クラムはきめが細かく、しっとりとしていますが、同時に歯切れのよさにもこだわっています。そのために、コンパウンドマーガリンのほかに、気泡が粗くなるぎりぎりの量のサラダ油も入れています。サラダ油を入れると、クラストが薄くなる効果もあります。食パンは開店と同時に並んでいなければならない商品ですから、前日に生地を仕込んで冷蔵し、翌朝仕上げる製法をとっています。冷蔵するのは、生クリーム入りのやわらかい生地を扱いやすくする意味もあります。

このパンは看板商品。イギリス風にローフ型で焼き、朝一番に陳列する

　形にもこだわりがあるんです。ローフ型で焼く食パンを英語圏ではプルマンと呼ぶのですが、スライスが手のひらサイズになるところが、いかにもイギリス的。イギリス人なら薄めにスライスするでしょうけれど、日本流の、ふかっとしたトーストには別のおいしさがありますよね。3cmほどの厚切りにして、トーストして食べてみてください。表面がカリッとして、中はしっとり。口溶けもとてもいいんです。

　生地の配合は日々、材料の状態をみながら微調整しているうちに、少しずつ変わってきています。じつは僕は、生地の配合を粉量を基準とするベーカーズパーセントで考えていないんです。日本のパン職人としてはめずらしいでしょうね。パティシエとして働いていたときは、配合の基準が卵の量だったし、いまつくっているパンも、水の量を基準とするフランスやイギリスのレシピを参考にしているので、自然にこのスタイルになりました。

エッジがきりっと立つのが正統派。キャラメル色の薄いクラストも自慢

1	ミキシング	縦型ミキサー(ドラゴンフック) 低速2分+中速6分→サラダ油&コンパウンドマーガリン入れ →低速2分+中速5分　こね上げ25℃
2	一次発酵・ パンチ・冷凍	常温(28～30℃)・50分　三つ折り×2回パンチ →冷凍(-12℃)・2時間
3	パンチ・ 冷蔵発酵	半分に折る→冷蔵(3℃)・一晩(12時間)
4	分割・ ベンチタイム	350g　常温・30分
5	成形	俵形　18.5×9.5×高さ9cmのワンローフ型
6	最終発酵	36℃・湿度80%・60～90分
7	焼成	コンベクションオーブン　210℃・25分

材料と配合(粉3kg仕込み・17本分)

強力粉(銘柄指定なし)　90%・2700g
薄力粉(ドルチェ/江別製粉)　10%・300g
グラニュー糖　11%・330g
塩(自然海塩)　1.56%・47g
生イースト(US/オリエンタル酵母)　4%・120g
改良剤(ピュアナチュラル碧/オリエンタル酵母)　1%・30g
全卵　11.66%・350g
生クリーム(乳脂肪分40%・ジャージークリーム/タカナシ乳業)
　11.66%・350g
氷水　40%・1200g
サラダ油　2%・60g
コンパウンドマーガリン*　16%・480g

*マーガリンに無塩バターを添加したもの。

---

1 ミキシング

①ミキサーボウルに強力粉と薄力粉、グラニュー糖、塩、手でほぐした生イースト、改良剤、全卵を入れる。生クリームと氷水を合わせて加え(A)、低速で2分間混ぜ、中速に上げて6分間こねる。
②サラダ油とコンパウンドマーガリンを加え、手で握って生地になじませる(B)。低速で2分間混ぜ、中速に上げて5分間こねると、なめらかでつやのある、薄くのびる生地になる(C)。こね上げ温度は25℃。

＊生地を傷めないように、低速と中速で時間をかけて生地をつくっていく。時間がかかる分、生地の温度が上がりやすいので、通年氷水を使用。

2 一次発酵・パンチ・冷凍

①生地を冷蔵用天板に移し(D)、ビニールシートをかけて常温(28～30℃)で50分間発酵させる(E)。指先を生地に挿して抜き、できた穴がふさがらなければ発酵完了。
②手のひらで軽く押さえてガスを抜き、左右から三つ折りにし(F)、奥と手前からも三つ折りにする(G)。
③折り終わりを下にして天板にのせ(H)、ビニールシートをかぶせる。冷凍庫(-12℃)で2時間冷やして発酵の速度を遅らせる。

＊冷凍庫に入れると生地の温度は徐々に下がるが、完全に冷え切らないため、発酵がごくゆるやかに進む。

3 パンチ・冷蔵発酵

①冷凍庫から取り出し、常温に5分間ほどおいて生地の温度をもどす(I)。
②手のひらで生地を押してガスを抜き(J)、半分に折りたたむ(K)。
③ビニール袋に入れ(L)、一晩(12時間)冷蔵庫(3℃)で発酵させる。

＊低温で生地をゆっくりと発酵させつつ、翌朝まで保存する。冷やすことで扱いやすいかたさになる。

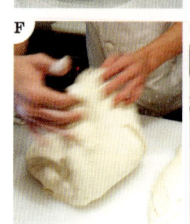

こんな風に食べてみたら：厚切りハムとパイナップルを重ね、チーズをとろけさせて。粒マスタードがアクセント　⇒レシピ・P.85

4　分割・ベンチタイム

①作業台に生地を取り出し、350gの長方形に分割する（M・N）。
②ビニールシートをかぶせて常温に30分間おく。

＊成形での手数が多く、生地に負担がかかるため、分割後はあえて丸めない。

5　成形

①生地を縦長に置き（O）、手のひらで軽く押さえて厚みをならす。
②手前と奥から三つ折りにして（P）、軽く押さえる。
③生地の向きを90度変え、向こう側から手前へひと巻きし、指でぐっと前に押し出して表面を張らせる（Q）。
④そのまま手前に転がして巻き、巻き終わりをしっかりつまんでとめる（R）。
⑤ショートニングをぬった型に、とじ目を下にして入れる（S）。

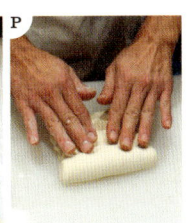
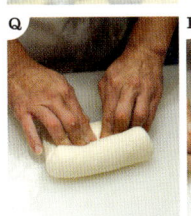
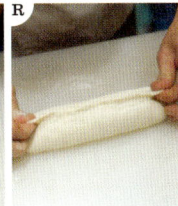

6　最終発酵

36℃・湿度80％のホイロで60～90分間発酵させる。型の4割だった生地が、8割まで膨らむ（T）。

発酵後

7　焼成

①型に蓋をして、210℃のコンベクションオーブンに入れ（U）、25分間焼く。
②オーブンから出したら、すぐに型を台に打ちつける。型からパンを取り出し（V）、網にのせて冷ます。

＊厨房に平窯を設置するスペースがなく、コンパクトなコンベクションオーブンを使用している。コンベクションオーブンで焼くと、食パンの角が丸まらず、しっかりと角張る利点がある。

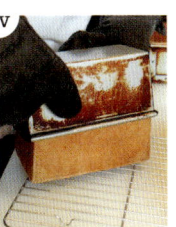

S100——豆乳の食パン

ダン ディゾン
Dans dix ans

木村昌之

豆乳のやさしげなイメージを覆す、
食パンという名のハードパン

　このパンには、小麦粉と同量の豆乳を使っています。つまり、豆乳100％。豆乳をたっぷり使ってパンをつくろうとすると、通常の食パンのつくり方ではうまくいきません。発酵させればさせるほど、豆乳に含まれるタンパク質分解酵素がグルテンを壊し、パンのボリュームがでなくなるからです。だからといって、豆乳の量を減らすと風味がストレートに伝わらなくなります。そこで考えたのが、中種状の酵母種を使い、発酵時間を最低限におさえる製法です。

　豆乳の生地というと、ソフトなものをイメージしがちですが、この生地は違います。オーブンの中でせり上がるように膨らんで、表面がざっくりと割れる様子はまるでバゲットのようだし、生地のきめが粗く、食感もしっかりめ。おまけにクラストはご覧の通り、いかにも強そうでしょう？　実際、香ばしくて歯ごたえがあります。皆さんの抱くイメージとは裏腹に、バゲット並みに強いパンなんです。

　クラムが黄みがかっているのは、バターや卵を使っているからではなく、豆乳の天然色。豆乳の繊細な風味を生かす方向で考えたら、自然に"砂糖・乳製品不使用"になりました。塩の量を控えているのも、同じ理由です。僕は豆腐を塩で食べるのが好きなんですが、量が過ぎると大豆の味が失せる。甘みを引き立てるのは、ほんの少しの塩なんです。そんな配合のせいか、このパンはハードな食パンを求めている方のほかに、コレステロールを気にしている方や、塩分や糖分を控えている方にも好評です。

　うちの店の食パンは、どれも片手におさまる小さなサイズ。少人数のご家庭でも、おいしいうちに食べ切れるようにとの思いからです。

豆乳は京都の老舗豆腐店「とようけ屋」から、2日に一度取り寄せている

食パンの名前は材料と配合から。豆乳 Soy milk 100％で仕込むから「S100」

1	ミキシング	縦型ミキサー（スパイラルフック） 低速2分→超高速4分→中速1分　こね上げ25℃ ＊低速106回転/分、中速250回転/分、超高速370回転/分
2	一次発酵	常温（約25℃）・60分
3	分割・丸め・ ベンチタイム	300g・丸形　常温（約25℃）・20分
4	成形	なまこ形　16×6×高さ4.3cmの角型
5	最終発酵	常温（約28℃）・45分
6	焼成	スチームコンベクションオーブン 230℃に予熱→窯入れ後にスチーム→180℃・45分

材料と配合（粉3150g仕込み・22個分）

- 強力粉（ベル ムーラン／丸信製粉）　100%・3150g
- 無調整豆乳　100%・3150g
- インスタントドライイースト（赤ラベル／サフ）　0.38%・12g
- ぬるま湯（30℃）　5%・157.5g
- 塩（モンゴル産岩塩）　1.6%・50.4g
- 酵母種＊　7%・220.5g

1　ミキシング

①ミキシング開始5分前に、ボウルにインスタントドライイーストとぬるま湯を入れ、泡立て器でよく溶かす（A）。

②ミキサーボウルに無調整豆乳（B）、塩、強力粉（25℃）、酵母種、①を順に入れ、低速で2分間混ぜ、超高速に上げて4分間こねる（C）。

③グルテンのできぐあいを確かめ、調整のために中速におとして1分間こね、しっかりとコシのある生地にする（D）。こね上げ温度は25℃を上限とする。

＊こねる時間が長くなるほど、生地の温度が上がる。超高速回転にして最短でグルテンを形成させ、絶対に25℃を上回らせないことがポイント。

2　一次発酵

生地をまとめて発酵ケースに入れ（E）、常温（約25℃）で60分間発酵させる。1.5倍程度に膨らむ（F）。

＊生地を必要以上に酸化させたくないので、発酵時間を必要最低限にとどめる。生地を酸化させると（pHが下がると）、豆乳に含まれるタンパク質分解酵素がグルテン組織を壊し、窯のびしなくなる。

E　発酵前　　F　発酵後

3　分割・丸め・ベンチタイム

①生地を作業台にあけ、300gに分割する（G）。

②押し丸める（押すようにして力を加えながら丸める：H・I）。

③発酵ケースに並べ（J）、常温（約25℃）に20分間おく。

＊"押し丸め"は生地の表面にストレスを与えずに、内部にコシをつけることのできる手法。この方法で丸めると、窯のびしやすくなる。生地の表面を切ったり荒らしたりしないよう、力を加減して丁寧に行う。

 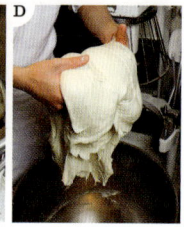

＊酵母種のつくり方：サルタナレーズン（ノンオイルコーティングのJASオーガニック）を水に浸して常温（約28℃）で発酵。細かい泡が大量にでる状態になったら漉す。この酵母液に国産小麦粉を混ぜて中種状にし、常温で3時間発酵（途中で2回パンチ）。できた酵母種（写真）は冷蔵庫で一晩保存し、翌日中に使い切る。

こんな風に食べてみたら：植物性材料100％のこのパンには、野菜やきのこの惣菜を合わせてベジタリアンブランチに　⇒レシピP.85

4 成形

①生地をモルダーに1回通し、ガスを抜きつつなまこ形に整える（K）。
②手のひらで軽く押さえて平らにし、裏返す。手前から1/3をきつく締めるように巻き（L）、もう1回巻く。巻き終わりを裏側にたくしこんで表面を張らせる（M）。
③巻き終わりを下にして型に入れる（N）。

＊きつく締めるように巻くことで表面を張らせる。こうすると窯のびしやすくなる。
＊余分な風味をつけたくないので、型には何もぬらない。

5 最終発酵

乾燥しないようにビニールシートをかけ、常温（約28℃）で45分間発酵させる。生地はひとまわり膨らむ（O）。生地がビニールシートに触れそうになったら、ビニールを取る。

＊ここで大きく膨らませようとしなくてよい。早めに発酵を切り上げるほうが窯のびし、火通りがよくなる。

6 焼成

①230℃に予熱したスチームコンベクションオーブンに入れ（P）、スチームを入れる。すぐに180℃に温度を設定し直し、45分間焼く。
②最初の10分間で大きく膨らみ（Q）、表面が裂ける。裂けた部分も色づく程度が焼き上がりの目安。
③オーブンから出したら、すぐに型からパンを取り出す。くっついていれば、ナイフで周囲をぐるりと外す（R）。
④網にのせて冷ます（S）。

＊焼きすぎると豆臭くなり、焼き足りないと劣化が早くなる。

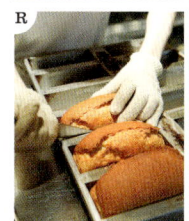 

米粉の食パン

トースト ネイバーフッド ベイカリー
TOAST neighborhood bakery

鈴木清文

米粉ならではのなめらかさ。
焼くとカリッ、中はもっちり

　僕の店は食パンを主力商品にしていますから、食パンだけで8種類のバリエーションがあります。他店にはない、個性的なものをラインナップに加えたくて考えたのが、この米粉の食パン。ご存じの通り、米粉だけでは食パンらしいふんわりとした食感や弾力感はだせません。そこで小麦粉を混ぜたり、グルテンを加えたりするわけですが、僕は粉は米粉100％とし、そこに小麦グルテンを配合することで、米の甘みや独特のもっちりとした食感を生かすようにしています。

　米粉はきめが細かいものほど、なめからでしっとりとした生地になるので、品質のよいものをいつも探しています。原価が高いのが悩みのタネですが、やはり米粉パンのファンも多いので、食パンに仕立てるだけでなく、マルチシリアルを練りこんだり、マフィンに仕立てたり、ロングソーセージをはさんでホットドッグにするなど、同じ生地からさまざまなパンをつくっています。

　米粉を使った生地は、弾力があるのに切れやすく、小麦粉生地とは勝手が違います。パンチしてもガスが均等に分散しにくいくらい弾力があるので、クラムのきめを揃えるのが難しいんです。案外、リュスティックのような、ほとんど生地をいじらないパンにしてもおもしろいかもしれません。おいしく仕上げるポイントは、生地を傷めないように丸めて、成形時にも生地にあまり力をかけないことです。

　このパンは、焼いた翌日にトーストして食べるとおいしいですよ。外がカリッとして、中はもちっとなり、米粉ならではのおいしさが、十二分に引き出されるんです。

なで肩の、おっとりした形。クープを1本入れて米粒のような模様をつくる

きめ細かい米粉を使うと、なめらかな口溶けに。小麦粉よりも吸水性が高い

1	ミキシング	縦型ミキサー（ドラゴンフック） 低速5分＋中速3分→コンパウンドマーガリン入れ →低速2分＋中速3分　こね上げ24℃
2	一次発酵	常温（28〜30℃）・60分
3	分割・丸め・ベンチタイム	400g・俵形　常温・10分
4	成形	俵形　18.5×9.5×高さ9cmのワンローフ型
5	最終発酵	36℃・湿度80％　60分〜90分
6	仕上げ・焼成	長さ10cm・深さ1cmのクープ コンベクションオーブン　210℃・30分

材料と配合（粉1.3kg仕込み・8本分）

- 米粉　100％・1300g
- 小麦グルテン　30.76％・400g
- グラニュー糖　9.23％・120g
- 塩（自然海塩）　2.7％・36g
- スキムミルク　4.61％・60g
- インスタントドライイースト（赤ラベル／サフ）　1.84％・24g
- 水　107.69％・1400g
- コンパウンドマーガリン*　9.23％・120g

＊マーガリンに無塩バターを添加したもの。

1　ミキシング

①水とコンパウンドマーガリン以外の材料をミキサーボウルに入れる。水を注ぎ入れ（A）、低速で5分間混ぜ、中速に上げて3分間こねる。
②コンパウンドマーガリンを加えて手でもみこむように生地になじませる（B）。低速で2分間混ぜ、中速に上げて3分間こねる。つやのある生地になる（C）。こね上げ温度は24℃。

＊米粉は小麦粉にくらべて水を吸収しやすく、生地が締まりやすい。そこで、コンパウンドマーガリンを手でよくなじませて、混ざりやすくする。
＊こね上がりの判断は、生地を薄くのばして確かめてもよい。あけた穴の縁がギザギザにならず、なめらかになればこね上がり（D）。

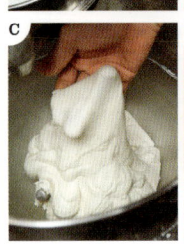

2　一次発酵

①生地を発酵用トレーに移し、厚みをならして四角形にまとめる（E）。
②ビニールシートをかけ、常温（28〜30℃）で60分間発酵させる。生地は1.2倍程度にしか膨らまない。

＊生地の厚みを均一にすると、発酵が均一に進みやすい。

3　分割・丸め・ベンチタイム

①作業台に生地を移し、400gの長方形に分割する（F・G）。
②生地を縦長に置き、手前からくるりと巻いて俵形にする（H）。
③巻き終わりを下にして発酵用トレーに並べ（I）、常温に10分間おく。

＊生地中にそれほどガスが充満していないので、パンチしてガスを抜く必要はない。
＊米粉の生地は切れやすいので、力をかけずにふわりと巻く。

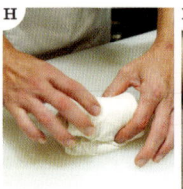

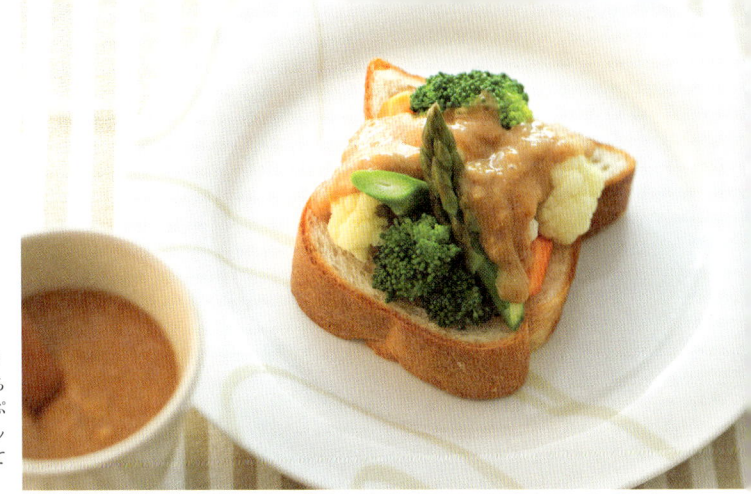

こんな風に食べてみたら：厚切りトーストに、やわらかくゆでた温野菜をたっぷりのせる。味噌＆ピーナッツソースをとろりとかけて
⇒レシピ・P.85

4 成形

①生地を横長に作業台に置き、手のひらで押さえて軽くガスを抜く(J)。
②向こう側から1／3を折り返し、指先でぐっと押し出して表面を張らせる(K)。そのまま手前に巻き、巻き終わりをしっかりつまみとめる(L)。
③ショートニングをぬった型に、とじ目を下にして入れる(M)。

＊力をかけずにふわりと巻くが、表面だけはしっかり張らせる。

J

K

L

M

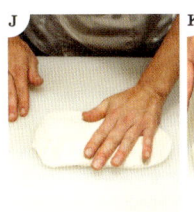

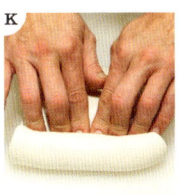

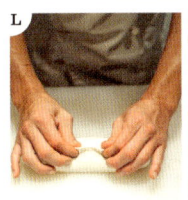

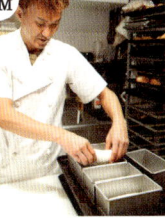

5 最終発酵

36℃・湿度80％のホイロで60〜90分間発酵させる。型の4割だった生地が、8割ほどに膨らむ(N・O)。

＊腰折れしやすい生地なので、発酵はやや若めに終える。

N

O

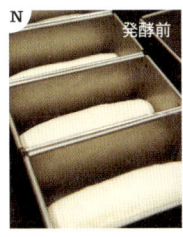

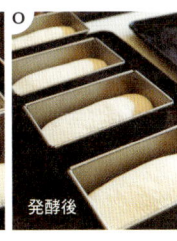

6 仕上げ・焼成

①生地表面の真ん中に、長さ10cm、深さ1cm程度のクープを入れる(P)。
②210℃のコンベクションオーブンに入れ(Q)、30分間焼く。
③オーブンから出したら、すぐに型を台に打ちつける。型から取り出し(R)、網にのせて冷ます(S)。

P

Q

R

S

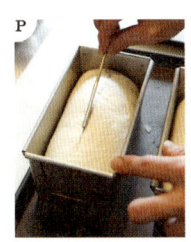

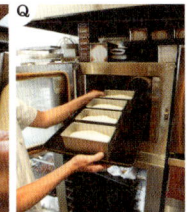

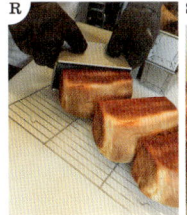

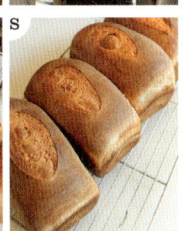

胚芽食パン

ネモ・ベーカリー&カフェ
nemo Bakery & Café

根本孝幸

ロースト胚芽が香ばしい、味わいのある角食

　じつは子どもの頃、あまりパンが好きではありませんでした。それが中学生のときに初めて胚芽入りのパンを食べて、「これはおいしい！」と思ったんです。胚芽パンが僕の人生を決めた、なんていうと大げさですが、胚芽パンには白いパンにはない特別な味わいがありますよね。

　胚芽はふすまと混同されやすいのですが、ふすまは小麦粒の一番外側の皮、胚芽は2枚目の皮です。胚芽ならではのおいしさを知ってほしいから、このパンには強力粉に対して15％の胚芽を混ぜています。使っているのは、香ばしくローストしたもの。ミキシングしていると、とてもいい香りが立ちのぼってきます。胚芽が入る分だけ、生地はもろくなりますから、各工程で生地に負担をかけないよう気をつかいます。たとえば、成形時に使う麺棒はやや太めで重みのあるものを使い、転がす回数を減らしています。

　角食をきれいに仕上げるには、大原則がひとつあります。それは最終発酵終了時に、型の中の生地の高さをすべて揃えること。これが意外に難しいんです。そのためには、一次発酵までさかのぼって計算ずくで作業を進めなければなりません。一次発酵では、同じ厚みになるように生地を扱い、分割後の丸めでは、力のこめ方を均一にします。こうした作業は、物理的に形を揃えるだけでなく、発酵を均一に進める工夫でもあるんです。

　この胚芽パンは味がしっかりしているので、サンドイッチなら肉系のフィリングなどボリューム感のあるものにも負けません。カレーと一緒に食べてもおいしいんです。トーストせずにそのまま食べるなら、ベリー系のジャムがよく合います。

濃いきつね色になるまでローストした小麦胚芽は、とびきりの香ばしさ

太くて重い、ナナカマドの木の麺棒を愛用。生地に負担をかけないために

1	ミキシング	縦型ミキサー（ドラゴンフック） 低速2分+中速3分→ショートニング入れ →低速2分+中速3分+高速3分+低速30秒　こね上げ27℃
2	一次発酵・パンチ	常温（28℃）・90分　60分経過後に三つ折りパンチ
3	分割・丸め・ベンチタイム	240g・丸形　常温・15分
4	成形	俵形×6個　36×11.7×高さ12.8cmの三斤型
5	最終発酵	38℃・湿度80%・40〜50分
6	焼成	上火215℃・下火225℃・35分

材料と配合（粉3.2kg仕込み・4本分）

強力粉（セイヴァリー／日清製粉）　85％・2720g
小麦胚芽（ハイギーA／日清製粉）[*1]　15％・480g
グラニュー糖　6％・192g
塩（モンゴル産）　2％・64g
インスタントドライイースト（赤ラベル／サフ）　1％・32g
BBJ（フランスパン用生地改良剤／フランス製）　0.1％・3.2g
スキムミルク　2％・64g
水　69％・2208g[*2]
ショートニング　5％・160g

[*1] 香ばしくローストされた製品。
[*2] 季節によって72％まで増やすこともある。

1　ミキシング

①水とショートニング以外の材料をミキサーボウルに入れ、泡立て器で混ぜる（A）。水を加えて低速で2分間混ぜ、中速に上げて3分間こねる。生地がまとまり、締まってくる（B）。
②ショートニングを加えて低速で2分間混ぜる（C）。ムラなく混ざったら、中速で3分間こねる。生地の一部をちぎってみて、手にくっつかなくなったら、高速に上げて3分間こねる。生地をのばすと薄い膜状にのびるが、すぐに切れる（D）。
③最後に低速で30秒間こねる。こね上げ温度は27℃。

＊小麦胚芽が入る分だけ生地はつながりにくいが、それが歯切れのよさになる。
＊最後に低速におとすことで、張りつめた生地を少しゆるめる。これにより、発酵が均一に進みやすくなる。

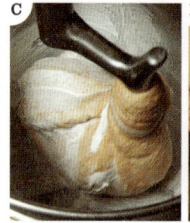

2　一次発酵・パンチ

①生地を作業台に移し、四方を裏にたくしこんでまとめる。
②四隅の角を出して四角形にし、手のひらで押さえて均一な厚さにする（E）。
③発酵ケースに入れ（F）、常温（28℃）で90分間発酵させるが、60分経過後に④の要領でパンチを行う。この生地はそれほど膨らまない（G）。
④発酵ケースの中で、生地を左右から折りたたんで三つ折りにする（H）。生地の向きを90度変えて裏返す。
⑤常温でさらに30分間発酵させる。

＊生地の厚みを均一にすることで、発酵が均一に進みやすくなる。

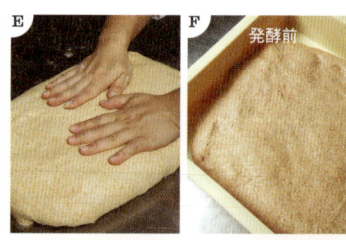

3　分割・丸め・ベンチタイム

①生地を作業台にあけ、240gに分割する（I）。
②きれいな面を上にして生地を置き、両手でやさしく生地の両端を裏にたくしこむ（J）。
③生地の向きを90度変え、また裏にたくしこむ。これを数回くり返して表面の張った丸形にする（K）。
④張らせた面を上にして、常温で15分間休ませる（L）。

＊分割・丸めとも、できるだけ生地の高さを揃える。これも発酵を均一に進めるため。
＊両手で2個同時に丸めるよりも、やさしく丁寧に1個ずつ行うほうが、仕上がりも効率もよい。
＊歯切れをよくするために気泡の大きさを不均一にしたいので、丸めた後はとじ目をつまみとめない。
＊生地がいつもよりかたいと感じたら、とじ目を上にしてベンチタイムをとるとよい。

こんな風に食べてみたら：
ベーカリー併設のカフェで「B.L.T.」にして提供。トーストして香ばしさを高め、パンチェッタ、トマト、レタスをぎっしりはさんで

4 成形

①作業台に打ち粉をし、生地を取り出す。とじ目を下にして、2個を間隔をあけて左右に並べる。
②生地の真ん中を麺棒で押し、前方に転がしてのばし（M）、逆回転させて手前ものばす（N）。
③裏返して手前からふんわりと巻き上げる（O）。巻き終わりはとめなくてよい。
④ショートニング（分量外）をぬった三斤型に、巻き終わりを下にして詰めていく。全部で6個詰める（P）。

＊麺棒は太くて重いものを用い、その重さを利用して扱うと、転がす回数を減らすことができるうえ、生地に均等に力をかけやすく、やわらかい生地に負担をかけずにすむ。
＊型の中で生地の幅、高さが均一に揃っているのが理想。

5 最終発酵

38℃・湿度80％のホイロで40〜50分間発酵させる。型の4割だった生地が、9割まで膨らむ（Q・R）。

6 焼成

①型に蓋をして（S）、上火215℃・下火225℃のオーブンで35分間焼く（T）。
②オーブンから出したらすぐに蓋を取り、型を台に打ちつける。型からパンを取り出し、網にのせて冷ます（U）。

＊発酵が若い場合は、窯入れ後にスチームを入れて上火が少し弱まるようにする。こうすると下火との温度差が生じ、生地がぐんと膨らむ。逆に過発酵気味の場合は、上・下火ともに5℃くらい設定温度を下げる。

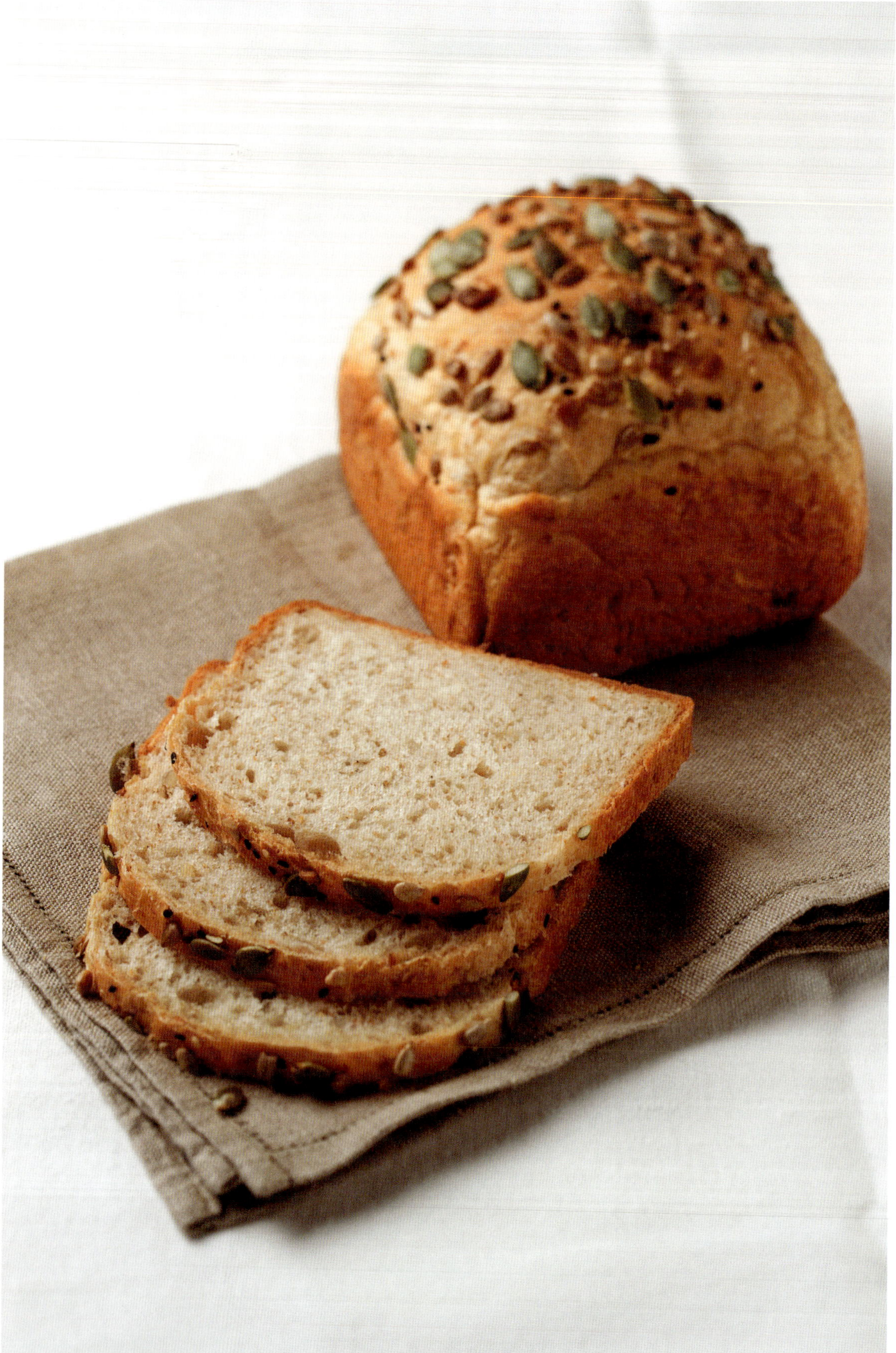

五穀食パン

とらやベーカリー
TORAYA BAKERY

森岡　進

ストライクをとれる変化球。
「素朴」「健康」がキーワード

　食パンのバリエーションを考えるときに心がけているのは、既成の食パンのイメージから離れすぎないこと。とりわけ、うちのように年配のお客さまが多い下町では、奇をてらったアイテムはなかなか受け入れられません。変化球で目先を変えることは重要ですが、ストライクゾーンにきちんとおさまらないと売り物にならないのです。

　五穀食パンは、開業当初からのレギュラーアイテム。食パンのバリエーションとして全粒粉を使ったパンを、と考えたのが出発点です。合わせる副材料は、全粒粉と無理なく調和できることが大前提で、ひまわりの種とごまを選びました。素朴で健康的、そんなイメージですね。トッピングして焼き上げるだけではなく、生地にも練りこんで風味豊かに仕上げています。

　食感もアピールポイントです。生地の水分量が粉に対して86％と高く、また微量のイーストで、数時間ごとにドウコンディショナーの温度設定を変えながら長時間発酵させる特殊な製法により、しっとりと口溶けのよい食感を生み出しています。ベーシックな食パンもアレンジ系食パンも、目指す食感は共通で、製法に大きな違いはありません。それでも固定ファンを獲得しているのが五穀食パンの優秀なところ。ひまわりの種やごまはシンプルな素材ですが、だからこそ商品の個性が明確で、健康志向の方など興味を持ってもらえそうなお客さまにきちんとメッセージが届いているのだと思います。生地の使いまわしができるのも魅力で、「ごまマフィン」をはじめ、菓子パンや惣菜パンに展開した商品も人気を集めています。きちんと売れて、アレンジもしやすい。うちのように小さな店にとっては理想的なアイテムです。

ひまわりの種とごまは生地に練りこむ
ほか、表面にもたっぷりトッピング

焼成時間は52分。腰折れを防ぐため、
クラストは厚くなるが十分に焼きこむ

1	ミキシング	縦型ミキサー（ドラゴンフック） 低速3分→高速約15分→バター&副材料入れ→低速5分 ＊ミキサーの回転速度は既製品よりも25％遅い設定　こね上げ20℃
2	折りたたみ	三つ折り×1回→二つ折り×3回
3	一次発酵	15℃・湿度75％・8時間
4	パンチ	三つ折り×2回
5	二次発酵	4℃・湿度75％・6時間→15℃・湿度75％・4時間 →20℃・湿度75％・2時間
6	分割・成形	400g・丸形　11.5×11.5×高さ10cmの角型
7	最終発酵	30℃・湿度75％・60分
8	焼成	上火180℃・下火250℃・52分

材料と配合（粉2kg仕込み）[*1]

● 生地

強力粉（イーグル／日本製粉）　60％・1200g
全粒粉（グラハムブレッドフラワー／日清製粉）　40％・800g
塩　2％・40g
グラニュー糖　3％・60g
インスタントドライイースト（赤ラベル／サフ）　0.2％・4g
モルト溶液[*2]　0.6％・12g
水　86％・1720g
無塩バター　3％・60g

● 副材料

ひまわりの種　8％・160g
白ごま　8％・160g

1 ミキシング

①ミキサーボウルに生地の材料のうち、バター以外を入れる。低速で3分間混ぜ、高速に上げて生地がまとまるまで15分間ほどこねる（A）。

②バター、副材料のひまわりの種と白ごまを加え、低速で5分間こねる。こね上げ温度は20℃。ベタベタして、引っ張ると切れずによくのびる生地になる（B）。

＊生地にストレスをかけないように、ミキサーの回転速度は既製品よりも25％遅い設定にしている。水分量が多いため、こねはじめはかなり水っぽいが、時間をかけてこねることでグルテンがしっかりと形成され、次第にまとまるようになる。

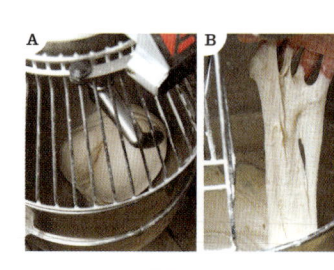

2 折りたたみ

①生地を作業台に取り出し（C）、三つ折りにする（D）。

②90度ずつ向きを変えながら二つ折りを3回行って生地をまとめていく。

＊生地の表面に張りをもたせ、きれいに膨らませるのがねらい。

＊こね上げたばかりの生地は、水分量が多いため、たぷたぷしていて扱いにくい。温度が上がるとさらに扱いにくくなるため、この作業はスピーディに行う。

3 一次発酵

生地をボウルに入れ（E）、ビニール袋で包む。15℃・湿度75％のドウコンディショナーで8時間発酵させる。2倍に膨らむ（F）。

＊発酵ケースやバットに入れると、生地が非常にゆるいために横に広がってしまい、発酵後に取り出しにくい。

4 パンチ

①生地を作業台に取り出し、三つ折りにする（G）。

②生地の向きを90度変え、再び三つ折りにする（H）。

＊低温のドウコンディショナーで一次発酵させたことで、生地は締まり、扱いやすくなる。ただし、パンチの間にも室温の影響でどんどんだれていくため、作業はスピーディに行う。

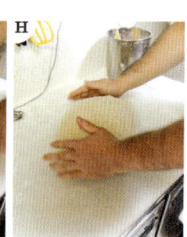

● トッピング
ひまわりの種　適量
黒・白ごま　適量

＊1 この分量で10個分をつくり、余った生地（約200g）は別の商品に使用。
＊2 モルトエキスを同量の水で溶いたもの。

こんな風に食べてみたら：全粒粉のコクとごまの香りは、和風惣菜によく合う。しょうゆとはちみつで炒り煮したれんこんとえびをのせて　⇒レシピP.85

5　二次発酵

①生地をボウルに入れ（I）、ビニール袋で包む。
②ドウコンディショナーのタイマー機能を使って発酵させる。設定条件は、4℃・湿度75％・6時間→15℃・湿度75％・4時間→20℃・湿度75％・2時間。計12時間発酵させる。2倍に膨らむ（J）。

＊発酵ケースやバットに入れると、生地が非常にゆるいために横に広がってしまい、発酵後に取り出しにくい。

6　分割・成形

①生地を作業台に取り出し、400gに分割する（K）。
②二つ折りにし、向きを90度変えてさらに二つ折りにする。
③生地に横から手のひらをあて、身体に対して内回りに生地を回転させる（L）。生地の中心に軸を想像し、そこに巻きつけるようなイメージで。上から押さえるようにして丸めると、生地がだれてしまう。
④生地の上部に霧吹きで水を軽く吹きつけ、トッピングとしてひまわりの種と黒・白ごまを混ぜたものをくっつける（M）。
⑤油を吹きつけた角型に、トッピングを上にして生地を入れる（N）。

＊生地は室温の影響でだれていくため、作業はスピーディに行う。生地への温度の影響や作業効率を考慮して、分割後はすぐに成形する。
＊型に油を吹きつけておくと、生地に練りこんだひまわりの種やごまがこびりつかず、焼成後に取り出しやすい。

7　最終発酵

30℃・湿度75％のドウコンディショナーで60分間発酵させる（O・P）。

8　焼成

①上火180℃・下火250℃のオーブンで52分間焼く（Q）。
②焼き上がったら、すぐに型から取り出す（R）。

＊生地の水分量が多いため、一般的な食パンよりも焼成時間は長い。腰折れを防ぐため、クラストは厚くなるが十分に焼きこむこと。

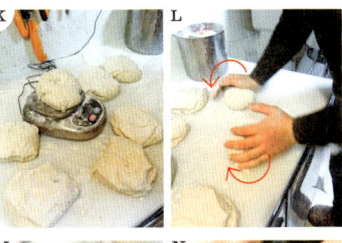

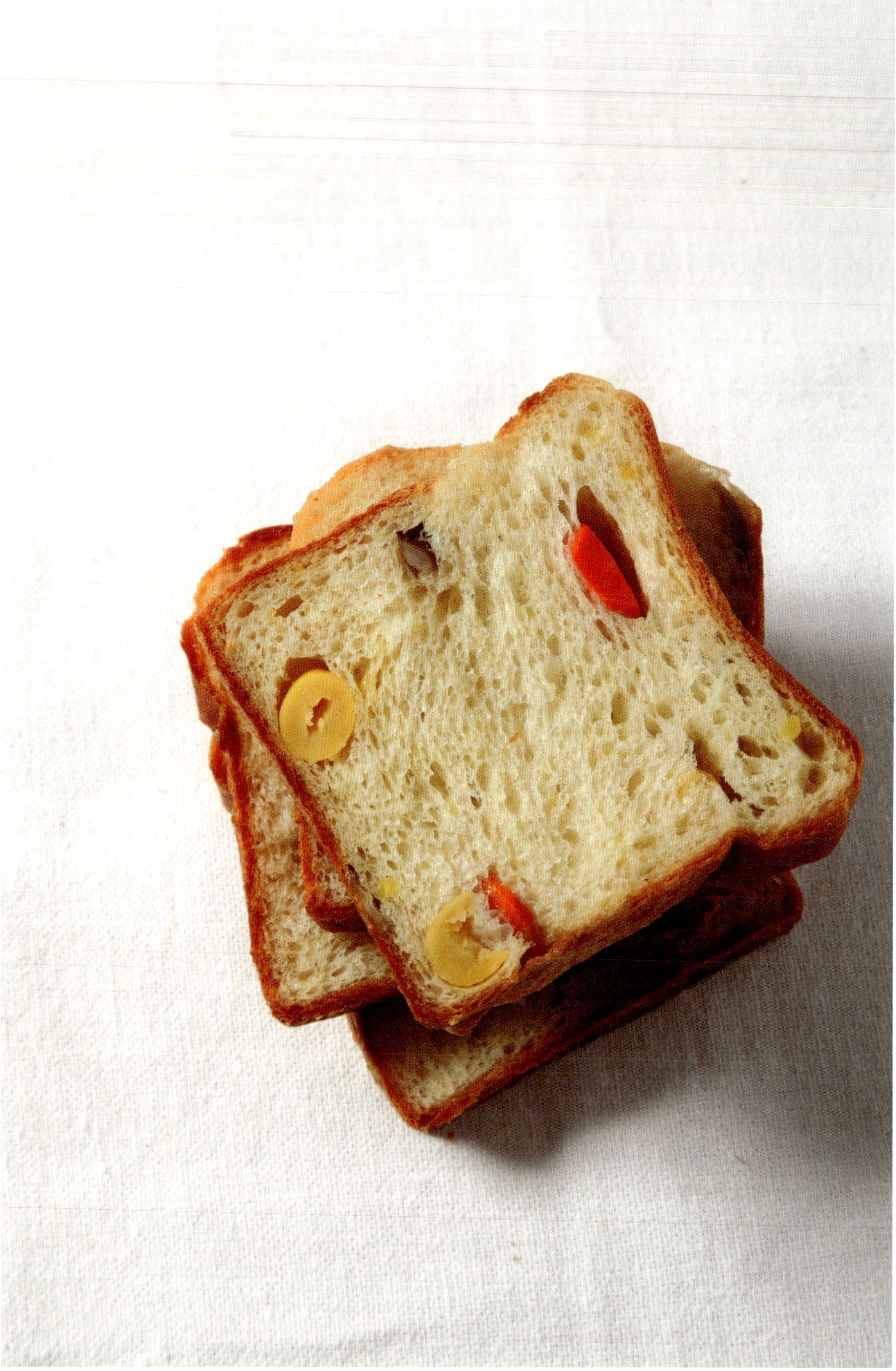

野菜の食パン

ブーランジュリー&パティスリー カルヴァ
Boulangerie Pâtisserie CALVA

田中 聡

旬の野菜がゴロゴロ。
食感も楽しい季節のパン

　ひと口食べると、旬の野菜の味や香りから季節感が伝わってくる——そんな食パンがつくれないだろうかと考えたのが、この野菜の食パンです。練りこむ具材は春夏秋冬、季節ごとに替えていて、ここにご紹介するのは秋バージョン。ひと目見れば誰でも秋を連想できる銀杏（ぎんなん）から着想し、甘みとコクのあるさつまいも、香りがあって歯ざわりのよいごぼう、見た目と食感のアクセントになるれんこんを組み合わせ、さらににんじんを加えて彩りを添えています。冬にはほうれん草と黒ごま、春には春キャベツ、夏にはトマトにコーン、大葉などを混ぜこんでバリエーションをつくっています。

　風味よく仕上げるポイントは、野菜の調理にあります。すべてスチームコンベクションオーブンでいったん火を通してから、素揚げにしたり、オーブンで焼いたりして水分を飛ばすんです。このひと手間で、うまみがぎゅっと凝縮します。合わせる生地は、レーズンパン用に開発した、少し甘みのある食パン生地。「野菜の食パン」と名づける以上、ひと口目からしっかりと野菜を感じてほしいので、生地重量の4割にあたる野菜を混ぜこんでいます。今度は何の野菜が出てくるんだろう、と思いながらスライスするのも、また楽しいものです。

　ミキシングにもこつがあります。さつまいもを半ばつぶして、生地全体になじませるんです。さつまいもの甘みと生地の甘みが重なって、全体の味が深まりますし、また、他の野菜と生地のつなぎ役となり、味の一体感が生まれます。野菜の繊細な香りや味を楽しめる食パン——食べてみたくなりませんか？

銀杏、にんじん、れんこん、さつまいもなど、色・形とりどりの野菜が勢揃い

クラストの焼き色は、食欲をそそる黄金色。しっとりとして甘い耳も魅力

0	野菜の調理	蒸す➡ロースト・揚げる
1	ミキシング	縦型ミキサー(ドラゴンフック) 低速5分+中速15分➡バター入れ➡低速3分+中速1分 ➡副材料入れ➡低速3分　こね上げ25～26℃
2	一次発酵・ パンチ	常温(30℃)・90分　60分経過後に三つ折り×2回パンチ
3	分割・丸め・ ベンチタイム	210g・丸形　常温・30分
4	成形	棒状(長さ25cm)・2本➡ツイスト　18×8×高さ9cmの角型
5	最終発酵	33℃・湿度78%・40分
6	焼成	上火210℃・下火250℃・約25分

材料と配合

● 生地(粉2kg仕込み)[*1]

- 強力粉(カメリヤ/日清製粉)　40%・800g
- 強力粉(イーグル/日本製粉)　40%・800g
- 国産強力粉(ジャパネスク/日本製粉)　20%・400g
- 全卵4個+水　70%・1400g
- グラニュー糖　15%・300g
- 塩　1.5%・30g
- スキムミルク　4%・80g
- 生イースト(US/オリエンタル酵母)　4%・80g
- 無塩バター(厚さ1cmにカット)　15%・300g

0　野菜の調理

野菜は以下の要領で前日に調理し、冷蔵保存する。室温にもどして使う(A)。

① さつまいもは皮付きのまま厚さ1.5cmのいちょう切り。ごぼうは皮をこそげ落とし、厚さ3mm、長さ3cmに斜めスライス。れんこんは皮をむいて厚さ1cmの輪切り。にんじんは皮をむき、厚さ5mmの半月切りにする。

② ①をそれぞれ天板に並べ、100℃・スチーム100%のスチームコンベクションオーブンで7～10分間加熱する。完全に火を通す。

③ にんじんに塩、こしょう、EVオリーブ油をふり、上火250℃・下火230℃のオーブンで5分間ロースト後、バーナーで焼き目をつける(B)。その他の野菜は200℃の油で素揚げし(C)、塩で味を調える。

1　ミキシング

① ミキサーボウルに全卵と水を入れ(D)、小麦粉、グラニュー糖、塩、スキムミルクを加え、生イーストを手でほぐして加える。低速で5分間混ぜ、中速に上げて15分間こねる。

② 生地がつながり、ボウルの底からはがれるようになったら(E)、バターを加える。

③ 低速で3分間混ぜ、中速に上げて1分間こねる。つきたての餅のようにつややかで、指が透けるほど薄くのびる生地になる(F)。

④ 生地を必要量だけ取り分け(ここでは2kg)、調理済みの野菜とぎんなんを加え、低速で3分間混ぜる(G)。さつまいもが半分以上つぶれて生地になじめばよい。こね上げ温度は25～26℃。

＊夏期は粉類を一晩冷凍保存することで、こね上げ温度を調整する。

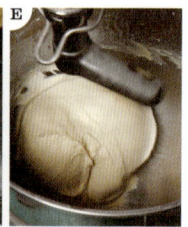

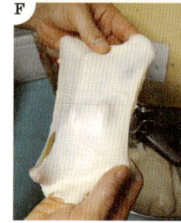

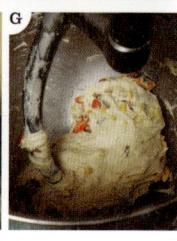

2　一次発酵・パンチ

① 生地をまとめて発酵ケースに入れる(H)。常温(30℃)で90分間発酵させるが、60分経過後に②の要領でパンチを行う。

② 生地を作業台にあけ、四隅を引っ張って四角形に整える。手前と奥から三つ折りにし(I)、左右からも三つ折りにする(J)。

③ 折り終わりを下にしてケースに戻し、常温でさらに30分発酵させる。発酵前の2.5倍ほどに膨らむ(K)。

＊糖分も具材も多めの生地なので、だれやすく、ボリュームがでにくいため、パンチで伸展性を高める。パンチの強さは生地の状態に合わせて調節。だれてベタついているときは、やや強めの力で行う。

● 副材料（生地2kg分）*2
さつまいも 400g
ごぼう 100g
れんこん 100g
にんじん 100g
ぎんなん（水煮） 100g
塩、こしょう、EVオリーブ油、揚げ油 適量

*1 この分量で仕込んだ生地から2kgを使用して6本分をつくる。残りは68ページの栗とカシスの食パンなど、他の商品に使用。
*2 野菜の分量は、すべて調理済みの重量。

こんな風に食べてみたら：野菜がしみじみおいしいパンに、ねぎの甘みが溶け出したポタージュを添えて、肌寒い日の朝に　⇒レシピ・P.86

3　分割・丸め・ベンチタイム

①生地を作業台にあけ、210gに分割する（L）。
②やさしく転がして丸め（M）、表面を張らせてなめらかな状態にする。
③なめらかな面を上にして、発酵ケースに並べる（N）。常温に30分間おく（O）。

＊具材が飛び出さないように、手のひらで包むようにして転がす。
＊力を入れて丸めると生地が切れてしまうので、表面を引っ張りすぎないようにする。

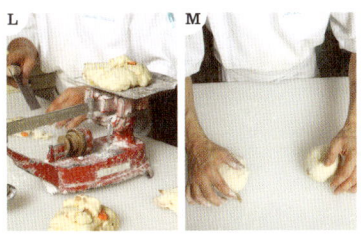

4　成形

①生地を作業台に取り出し、手のひらで軽く押さえてガスを抜く。奥から1／3を折りたたみ、手のひらの付け根で合わせ目を押さえる。
②生地の向きを180度変え、奥から1／3をたたんで押さえる（P）。
③奥から半分にたたんで合わせ目を押さえる（Q）。
④生地を転がして長さ25cmの棒状にする。
⑤生地2本をX字に重ね、片方を端までねじり合わせる（R）。もう片方も端までねじり合わせる（S）。
⑥離型剤を吹きつけた型に生地を入れ、上から軽く押さえて表面を平らにならす。

＊窯のびしにくく、腰折れしやすい生地なので、2本をねじり合わせて生地どうしで支え合う。

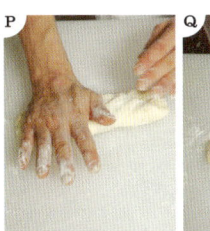

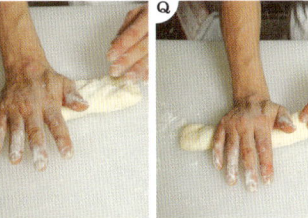

5　最終発酵

33℃・湿度78％のホイロで40分間発酵させる。型の4割程度だった生地が、9割に膨らむ（T・U）。

6　焼成

①型に蓋をして（V）、上火210℃・下火250℃のオーブンで約25分間焼く。
②オーブンから出したらすぐに蓋を取り、型を台に軽く打ちつける。型からパンを取り出し、網にのせて冷ます（W）。

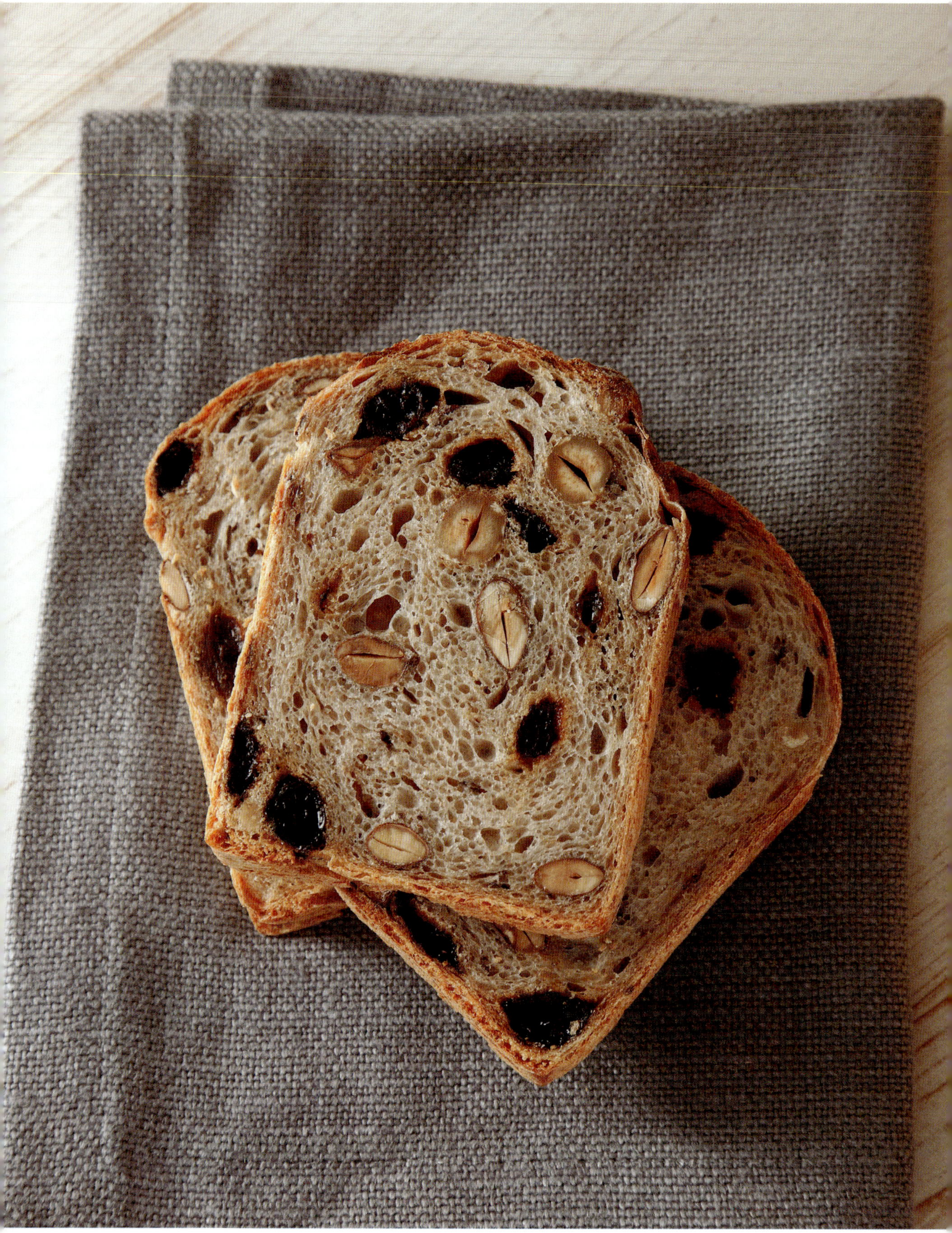

アマンドレザン

カタネベーカリー
Katane Bakery
片根大輔

生地、ときどきナッツ＆レーズン。
移りゆく風味を楽しんで

　このパンには、パン・オ・ルヴァンの生地を使っています。全粒粉とライ麦粉入りなので、焼き上がりはどっしり。クラストは厚めで、ばりっとハード。この重厚感は、食パンとしては異例でしょうね。
　中に入れたのは、アーモンド、ヘーゼルナッツ、レーズン。ナッツやドライフルーツは、量と形を変えるだけでパンの味を大きく変えられます。たくさん入れると全体をその味で支配することができるし、つぶれるくらい練りこむと、生地自体の味を変化させることができます。僕はこのパンを、生地と具の両方を楽しめるものにしたかったんです。具の量はできるだけおさえて、生地だけの部分があったり、ナッツががりっと主張する部分があったり。ナッツは質のよいものを皮ごと使い、粒を割らないように混ぜています。レーズンは味が濃くて大粒のもの。両方とも、見た目以上に風味が強いんです。少し厚めにスライスして、焼かずに食べてみてください。生地と具のいい関係を感じてもらえるはずです。ヘーゼルナッツの皮のえぐみが、またいいんですよ。スパイスのようにきいています。
　このパンは焼いた翌日のほうが、しっとりとして香りが増します。そして、いったん切ると、徐々に味が変わっていくんです。そういう変化を楽しめるところは、パン・オ・ルヴァンの魅力——厚い皮が内部の水分を守り、ルヴァン種がおいしさを持続させる——をそのまま受け継いでいます。1週間おいしく食べられる食パンなんて、なかなかないですからね。

小ぶりだけれど、ずっしり重め。南仏の海辺の街で出会ったパンがヒント

ミキサーは僕の相棒。早朝は、ふたりきりで材料と向き合う

0	ルヴァン種の準備	常温（26℃）・6時間→常温・4時間→冷蔵保存・一晩
1	ミキシング	縦型ミキサー（スパイラルフック） 低速2分→常温・3時間→ルヴァン種入れ→常温・45分 →イースト＆塩入れ→低速7〜8分→レーズン＆ナッツ入れ →低速1分　こね上げ23.5〜24℃
2	一次発酵・パンチ	常温・2時間　1時間経過後に三つ折り×2回パンチ
3	分割・丸め・ベンチタイム	650g、四方をふわっとまとめる　常温・30分
4	成形	俵形　17.5×8×高さ9cmの角型
5	最終発酵	28℃・湿度70％・4時間
6	仕上げ・焼成	小麦粉をふる 上火235℃・下火245℃・50分　窯入れ後にスチーム

材料と配合

● 生地（粉6kg仕込み*1）

フランスパン用粉
（ラ・トラディション・フランセーズ／奥本製粉）　61％・3660g
石臼挽き全粒粉（CJ-15／熊本製粉）　5％・300g
ライ麦粉（ブロッケン／太陽製粉）　10％・600g
水　55％・3300g
セミドライイースト（レッド／サフ）　0.05％・3g
塩　2.2％・132g
【ルヴァン種①】
ルヴァンシェフ*2　2.5％・150g
フランスパン用粉
（スローブレッド・クラシック／日本製粉）　5.5％・330g
水　2.75％・165g

0　ルヴァン種の準備

ルヴァン種は前日に準備しておく。
①ミキサーボウルにルヴァン種①の材料を入れ、低速で約5分間混ぜる。容器に移し、常温（26℃）で6時間発酵させる。
②ミキサーボウルに①とルヴァン種②の材料を入れ、低速で約5分間混ぜる。容器に移し、常温で4時間発酵させる（B）。
③冷蔵庫で一晩保存する。
＊発酵・保存時は、容器にラップフィルムを3〜4重にかけて他の菌の混入を防ぐ。

A　ルヴァンシェフ
B　ルヴァン種発酵後

1　ミキシング

①副材料のレーズンは前日に湯で洗い、冷水に通し、ざるにあげて冷所で一晩水切りしておく。ナッツは当日に180℃のオーブンで15分間ローストし、常温に冷ます（C）。
②ミキサーボウルに水、2種類の小麦粉、ライ麦粉を入れ、低速で2分間混ぜる（D）。生地を発酵ケースに移し、常温に3時間おいて酵素を十分に働かせる。
③②をミキサーボウルに戻し、0-③のルヴァン種を加え、常温に45分間おく。
④セミドライイーストを加えて低速でざっと混ぜ、塩を加えてコシがでるまで7〜8分間こねる。こね上げ温度は23.5〜24℃。グルテンがあまり形成されず、べとつくが、まとまりのある生地になる（E）。
⑤必要量を取り分け（ここでは3.2kg）、①のレーズンとナッツを加えて低速で全体に散らばるまで1分間ほど混ぜる（F）。
＊ナッツのローストはやや浅めに上げる。カリカリにしてしまうと生地との一体感がなくなる。
＊ナッツもレーズンもつぶさずに混ぜる。

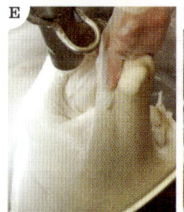

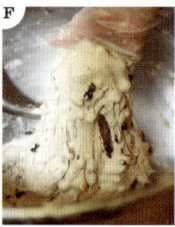

2　一次発酵・パンチ

①生地をまとめて発酵ケースに入れ（G）、常温で2時間発酵させるが、1時間経過後に②の要領でパンチを行う。
②生地を作業台にあけ、左右から三つ折りにし（H）、手前から2回折って三つ折りにする（I）。
③折り終わりを下にしてケースに戻し（J）、常温でさらに1時間発酵させる。

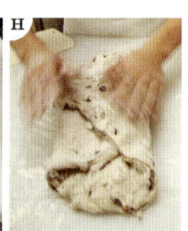

G　発酵前
H
I
J

【ルヴァン種②】
フランスパン用粉
（スローブレッド・クラシック／日本製粉） 16％・960g
石臼挽き全粒粉（CS-15／熊本製粉） 2.5％・150g
水 9.5％・570g

● 副材料（生地1kg分）
レーズン（モハベ砂漠産） 80g
皮つきアーモンド（シチリア産） 75g
皮つきヘーゼルナッツ（シチリア産） 75g

＊1 この分量で仕込んだ生地から3.2kgを取り分けて副材料を混ぜ、6本分をつくる。残りの生地は別の商品に使用。
＊2 ルヴァンシェフのつくり方：全粒粉と水を混ぜてゆるいペースト状にし、常温（26℃）で発酵させる。これに小麦粉と水を混ぜて発酵させることを約1週間くり返し、生地種を完成させる（P.48・写真A）。毎日、種継ぎする。

こんな風に食べてみたら：クリームチーズをたっぷりぬって、はちみつをとろり。クラムのしっとり感が持ち味なので、トーストせずにどうぞ。

3 分割・丸め・ベンチタイム

①生地を作業台にあけ、650gに分割する（K）。
②両手で生地の左右の端を裏側にふわっとまとめ（L）、上下の端も同様にまとめる。
③きれいな面を上にして発酵ケースに並べ（M）、常温に30分間おく。

＊グルテンの弱い、イーストが微量の生地なので、膨らみが悪い。ここできつく締めてガスを抜くと、つぶれたまま戻らないため、ごくゆるくまとめるにとどめる。

4 成形

①生地を作業台に取り出し、手のひらで軽く押さえて小判形にする。裏返して横長に置く。
②手前と奥から折り返して中央で少し重ね、軽く押さえる。
③生地の向きを90度変え、手前から1／4を折り返し（N）、そのままくるくると2回、ゆるく巻き上げて俵形にする。
④巻き終わりを下にして型に入れる（O）。

＊3連型を使うが、火通りが悪くなるので中央の型には生地を入れない。

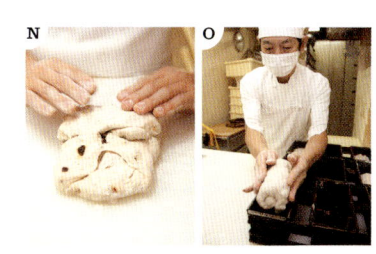

5 最終発酵

28℃・湿度70％のホイロで4時間発酵させる（P・Q）。

＊ルヴァン種を使った生地は、発酵時間を長めにすると生地が熟成し、風味が増す。

発酵前　発酵後

6 仕上げ・焼成

①生地の表面に小麦粉（生地に使用した粉；分量外）を薄くふる（R）。
②上火235℃・下火245℃のオーブンに入れ、スチームを入れて50分間焼く。
③オーブンから出したら、すぐに型から取り出し、網にのせて冷ます（S）。

＊上部の色づきが早ければ、途中で上火を下げる。
＊表面が色づき始めたら型の向きや位置を変え、焼きムラを防ぐ。

こんな型を使っています。

四角い形が食パンのトレードマーク。このフォルムも、耳ができるのも、みんな型のおかげです。三斤分を1本で焼く三斤型、ローフ型やプルマン型などとも呼ばれる角型、何個も型を連ねた連結型、縦横同寸のサイコロ型など、シェフ達愛用の型をサイズとともに紹介します。

※単位：cm

サイコロ型

五穀食パン用
縦横同寸、高さはちょっと低め
7.5 / 7.5 / 7.5

チビくり用
ルービックキューブの大きさ
11.5 / 11.5 / 10

三斤型

マンマーノブレッド用
蓋をしてきりっとした角食に
36 / 11.7 / 12.8

胚芽食パン用
正統派食パン型。蓋をして使用
37 / 12.5 / 14

アングレ用
ちょっと背高の三斤型は山食に
37 / 11 / 13

とらや食パン用
1斤ごとの区切り付き
36.5 / 14.3 / 12.3

角型

ジャージー乳のプルマン用
イギリス風のプルマン型
18.5 / 9.5 / 9

コンルーバ用
幅と高さが同寸の端正な形
19.5 / 10 / 10

抹茶＆大納言用
安定感のある万能なフォルム
18.5 / 9.1 / 9.8

デリツィア ラ チョコラータ用
スリムで浅い、おしゃれな形
14 / 5 / 4

米粉の食パン用
スライスすると手のひらサイズ
9.5 / 9

エスプレッソ食パン用
3人家族・2日分のサイズ感
18.5 / 17.5 / 9

野菜の食パン／栗とカシスの食パン用
蓋をするとハンサムスライス
18 / 8 / 9

アニス・エ・イーゴ用
底部が直角に近い安定した形
16.3 / 8.3 / 10.9

連結型

アマンドレザン用
3連型だけど中央は使いません
17.5 / 8 / 9

ムナ用
小さな型を3個セットに
13 / 7 / 6.5

S100──豆乳の食パン用
特注14連型。1個1個は小ぶり
16 / 6 / 4.3

chapter 2

やめられない、とまらない
甘い食パン

スライスするたびにドライフルーツが表れたり、口に含んだ途端にコーヒーやチョコレートの味が広がったり。甘い材料を混ぜこんだパンには、人の気持ちをほころばせる力があります。楽しい仕掛けがいっぱいの甘い食パンは、日々を彩るエッセンス。子どものおやつに、お茶請けに、あなたのお気に入りをみつけてください。

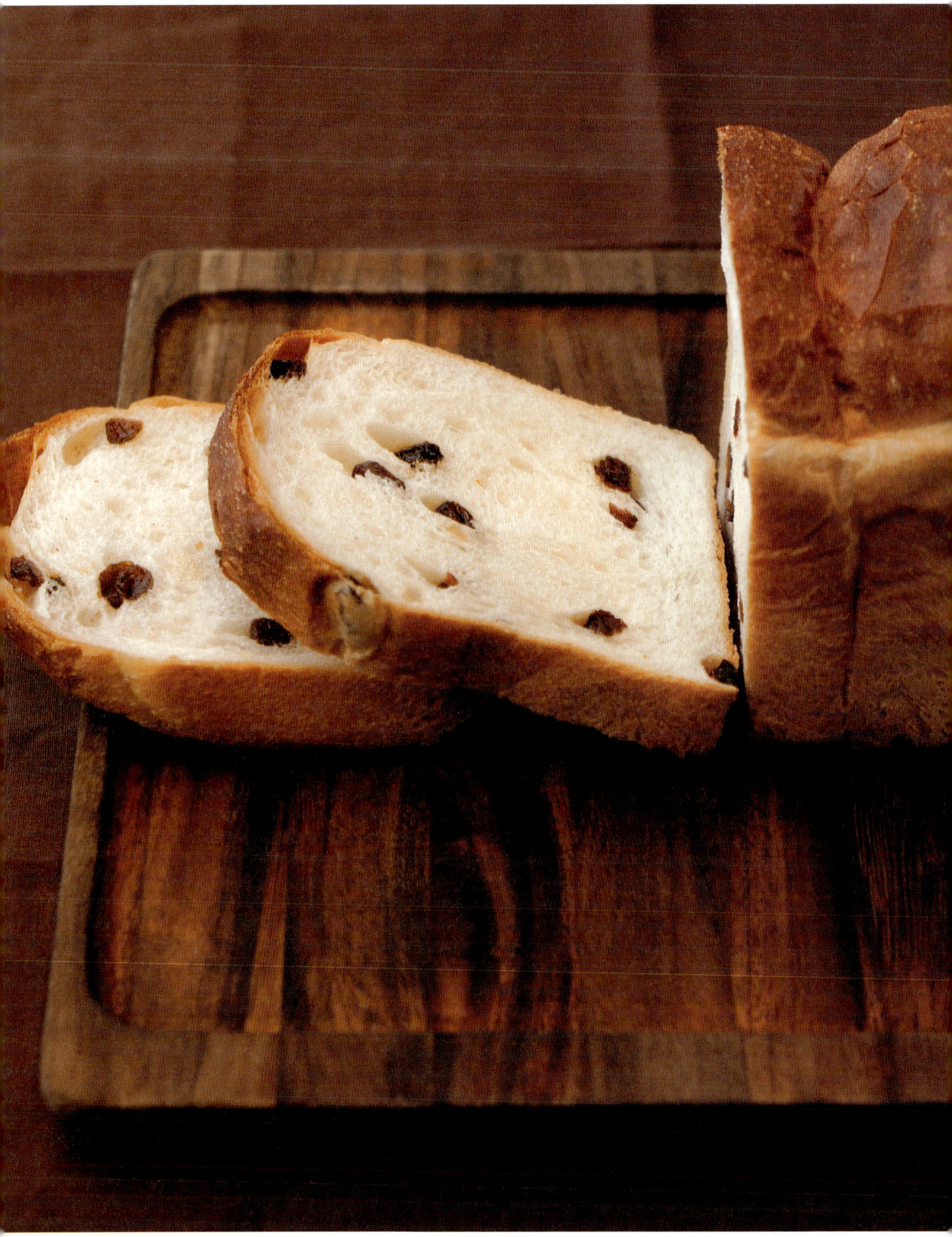

コンルーバ

トラスパレンテ
TRASPARENTE

森 直史

国産小麦生地のもちもち感に
レーズンの甘酸っぱさ

　日本では、もっとも頻繁に食卓にのぼるパンが食パンです。毎朝家族で食べるパンだから、小さな子どもにも安心して食べさせられるものにしたい。そこで、オープン以来、食パンは北海道産小麦粉100%でつくっています。

　食パンに限りませんが、タンパク量の少ない国産小麦の生地はグルテンが弱く、やや目が詰まってもちもちとした食感になります。食パンは、何かをのせたりぬったりして食べるのだから、なるべく淡泊に口溶けもよく……という意見もよく聞きます。でも僕は、食パンでも生地そのものが味わい深く、そのまま食べておいしいパンが好きなんです。僕自身、こんがり焼けた食パンの耳は大好物。クラストはサクッと香ばしく、クラムはもっちり。噛みしめると粉のうまみがじんわり広がる——そんな食パンが理想です。

　このもちもち感を上手に生かせるのが、ポーリッシュ法。ポーリッシュ種で発酵させたパンは劣化が遅く、生地の食感が日持ちするのもいいところです。食パンって、買った当日ではなく、翌朝トーストして食べる方がほとんどでしょう？　ですから、翌日も焼き立てと変わらないおいしさを保つことが、食パンならではの、とても重要なポイントだと考えています。

　この生地からは、プレーンな角食や山食もつくっていますし、くるみ入りの「エペルテ」という食パンもつくっています。レーズン入りのこのコンルーバは、お客さまの要望にこたえて始めたものですが、レーズンの甘みと酸味がアクセントとなり、生地のもっちり感が際立つパンになりました。昔から日本にある定番として、幅広いお客さまに支持していただいています。

香ばしさとカリッとした食感。耳も食パンの魅力だから、焼成はじっくりと

"国産小麦100%"が生地の出発点。小麦のうまみが伝わる粉を選んでいる

1	ポーリッシュ種	手で混ぜる　常温発酵（24〜25℃）・約3時間
2	本ごね	スパイラルミキサー 低速2分50秒＋中速2分50秒→バター入れ →低速2分50秒＋中速2分50秒　こね上げ26℃ レーズンを手で混ぜる（ミキサーなら低速2〜3分）
3	一次発酵	常温・1時間
4	分割・丸め・ベンチタイム	210g・丸形　常温・20分
5	成形	丸形×3個　19.5×10×高さ10cmの角型
6	最終発酵	27℃・湿度60％・40分
7	焼成	上火210℃・下火240℃・30分　窯入れ後にスチーム

材料と配合

● 生地（粉4kg仕込み*）

【ポーリッシュ種】
国産強力粉（エゾシカ／横山製粉）　50％・2000g
インスタントドライイースト（赤ラベル／サフ）　0.1％・4g
水　50％・2000g

【本ごね用】
ポーリッシュ種　上記全量
国産強力粉（エゾシカ／横山製粉）　50％・2000g
塩　2％・80g
グラニュー糖　5％・200g
スキムミルク　2％・80g
インスタントドライイースト（赤ラベル／サフ）　0.9％・36g
水　20％・800g
無塩バター（常温にもどす）　5％・200g

1　ポーリッシュ種

①ボウルにくみたての冷水とインスタントドライイーストを入れ、泡立て器で軽く混ぜる（A）。
②強力粉を加えて手で混ぜる。ダマがあれば完全に握りつぶし（B）、つややかなペースト状にする。
③ボウルのまわりについた種をカードできれいに落とす（C）。ラップフィルムをかけ、常温（24〜25℃）で約3時間発酵させる。全体が膨張し、湯が静かに沸騰しているように小さな泡がぷちぷちとはじける状態になれば発酵完了（D）。本ごねまで冷蔵保存する。

＊ここでダマが残ると、焼き上がりに生地の固まりができてしまう。しっかりつぶしておくことが重要。

2　本ごね

①ミキサーボウルにポーリッシュ種を入れ（E）、強力粉、塩、グラニュー糖、スキムミルク、インスタントドライイースト、水を順に入れる。
②低速で2分50秒間混ぜ、中速に上げて2分50秒間こねて十分にグルテンを形成させる。
③バターを入れて低速で2分50秒間混ぜ、中速に上げて2分50秒間こねる。こね上げ温度は26℃。つややかでよくのびる、やわらかい生地になる（F）。
④必要量を取り分け（ここでは2100g）、発酵ケースに入れる。レーズンを上にのせ（G）、生地を折り返してレーズンを包みこむ。
⑤生地をカードで切っては重ねることをくり返し、レーズンを均一に混ぜる（H）。

＊ここでは、レーズンをできるだけつぶさないために手作業で混ぜたが、生地量が多ければミキサーを使う（低速2〜3分間）。

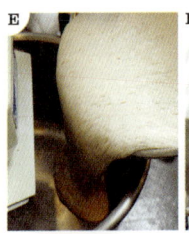

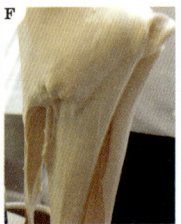

3　一次発酵

生地の中央を両手で軽く持ち上げて表面を張らせ（I）、常温で1時間発酵させる。2倍以上に膨らむ（J）。

● **副材料（生地2100g分）**

レーズン　420g

＊この分量で仕込んだ生地から2100gを使用して4本分をつくる。残りは、デリツィア ラ チョコラータ（P.76）など別の商品に使用。

こんな風に食べてみたら：太い棒状に切ってこんがりトースト。あっさり煮上げたアップルジャムをのせてパクリ、サクッ　⇒レシピ・P.86

4　分割・丸め・ベンチタイム

①生地を作業台にあけ（K）、210gに分割する。乾燥を防ぐため、6～10個ほど分割したら、その都度②③の作業に入る。
②生地を半分に折って表面を張らせ（L）、とじ目を下にして置く。
③手の中で生地を縦横十字に動かしながら転がして丸める（M）。6～7回で軽く丸めること。
④とじ目を下にして発酵ケースに並べ、常温に20分間おく。1.5倍程度に膨らむ（N）。

＊成形時に丸め直すので、ここでは軽く丸めるだけ。表面を張らせるにとどめる。

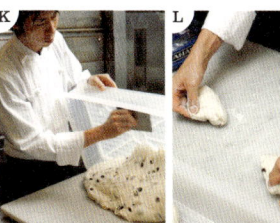

5　成形

①張らせた面を下にして作業台に置き、手前から半分に折る（O）。この操作はガス抜きも兼ねている。
②手で生地を覆い、円を描いて転がして丸める（P）。
③とじ目をしっかりとつまみとめる。離型油を吹きつけた型に、とじ目を下にして3個ずつ入れる（Q）。入れる順番は両端、中央の順。

＊型に入れる際、中央の生地玉を最後に入れると、発酵して膨らんだときに、すべての玉の大きさが揃いやすい。

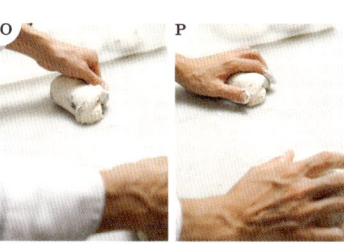

6　最終発酵

27℃・湿度60%のドウコンディショナーで40分間発酵させる。型の半分ぐらいだった生地が、縁すれすれまで膨らむ（R）。

7　焼成

①上火210℃・下火240℃のオーブンに入れる。スチームを入れ、30分間焼く（S）。
②オーブンから出したら、型を台に打ちつける。すぐに型からパンを取り出し、網の上で冷ます（T）。

＊オーブンに入れる際は、型と型の間をあけて並べる。こうすると、側面まで均一に熱がまわる。
＊20分間焼いたところで型の向きを180度変えて焼きムラを防ぐ。

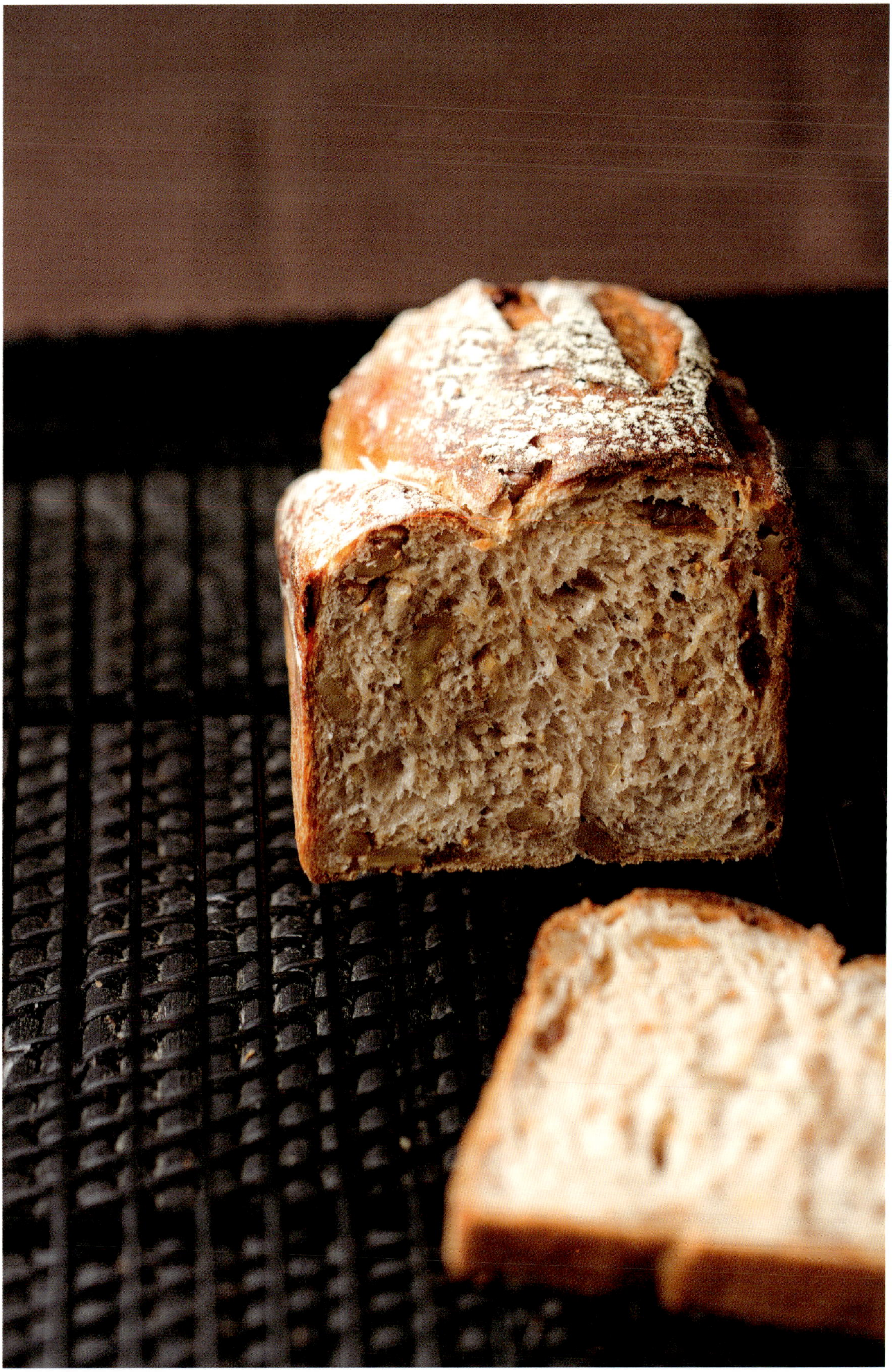

アニス・エ・イーゴ

パナデリーア ティグレ
PANADERIA TIGRE

望月哲二

洋菓子を思わすスパイス使い。
いちじく引き立つもちもち感

　アニスはほんのり甘く、スパイシーな香りがするスパイスです。スパイスとしては比較的香りが穏やかで、いちじくとの相性は抜群。洋菓子でよく見かけるその組み合わせに、さらにくるみを加えてベーカリーのアイテムに仕立てたのがこのパンです。こんがりとした焼き色と香ばしい香りは、ラードを生地に練りこんでいるため。切り分けると、今度はアニスとはちみつが穏やかに香ります。ストレート法でつくりますが、理想としたのは長時間発酵生地のような、しっとりとして引きの強い、もちもちした食感。試作を重ねてたどり着いたのが、フランスパン用粉に、麺用粉、じゃがいも、中種としてバゲット生地をブレンドする方法です。さらに型焼きすることで、目の詰まったずっしりと重い仕上がりになりました。生地に重さを求めたのは、いちじくやくるみとの相性を考えてのこと。いずれも、噛みしめるたびに味や香りが前に出てくる素材。それとともに小麦粉の風味やうまみがにじみ出てくるような、派手さはないけれど、しみじみとおいしいパンを目指したのです。ビジュアルのアピールもさりげなく。型から取り出したばかりの姿、いちじくが互い違いに並んでいるように見えませんか？

　アニスといちじくの組み合わせは、開業前に洋菓子店で数か月間学んだなかで得た知識。アイデアの種として長らく頭の引き出しにしまってあったものが、突如として芽吹くことがあるんです。一方、生地は師匠であるシニフィアン・シニフィエの志賀勝栄さんから学んだレシピがベース。ふと思い返される修業時代のあれこれが、いまも僕のパンづくりに刺激を与えてくれています。

主役のイーゴ（いちじく）はその3/4量のくるみとともに生地に練りこむ

こんがりとした焼き色と香ばしい香りは、生地にラードを混ぜこんだ効果

1	ミキシング	縦型ミキサー(ドラゴンフック) 低速3分→ラード入れ→中速6分→ドライいちじく&くるみ入れ →低速3～4分　こね上げ23℃
2	一次発酵・ パンチ	28℃・湿度80%・110～120分 90分経過後に三つ折り×2回パンチ
3	分割・丸め・ ベンチタイム	220g・俵形　常温(約20℃)・15分
4	成形	俵形×2個→円錐形 16.3×8.3×10.9cmの角型
5	最終発酵	28℃・湿度80%・60分
6	焼成	上火250℃・下火250℃・23分　窯入れ後にスチーム

材料と配合

● 生地（粉1.5kg仕込み*1）

- フランスパン用粉(モンブラン/第一製粉)　90%・1350g
- 麺用粉(赤松/日本製粉)　10%・150g
- セミドライイースト(レッド/サフ)　0.8%・12g
- マッシュポテト*2　20%・300g
- 塩　2.13%・32g
- モルト溶液*3　2%・30g
- はちみつ　5.07%・76g
- 牛乳　20%・300g
- 氷水　51.2%・768g
- バゲット生地*4　5%・75g
- ラード　3.07%・46g

1　ミキシング

①ボウルにマッシュポテト、塩、モルト溶液、はちみつを入れる。ゴムベラで軽く混ぜ、牛乳、氷水、バゲット生地を加える(A)。
②ミキサーボウルに①を入れ、2種の小麦粉とセミドライイーストを加えて低速で3分間こねる。ラードを加え、中速で6分間こねる。なめらかで、よくのびる生地になる(B)。
③必要量を取り分け(ここでは2244g)、合わせておいたドライいちじくとくるみを加え、低速で3～4分間混ぜる(C)。こね上げ温度は23℃。生地はさらにのびがよくなり、いちじくが適度につぶれてほんのりピンク色がかる(D)。

＊フランスパン用粉と麺用粉を併用し、マッシュポテト、中種としてバゲット生地を加えることにより、伸長性が増してもちもちとした食感になる。中種には、しっとりさせる効果もある。

2　一次発酵・パンチ

①ボウルに生地を入れ(E)、28℃・湿度80%のホイロで110～120分間発酵させるが、90分経過後に②の要領でパンチを行う。
②生地を作業台に取り出し、上下から少し引っ張りながら折り返して三つ折りにし(F)、生地の向きを90度変えて再び三つ折りにする(G)。
③折り終わりを下にしてボウルに戻し、①と同条件でさらに20～30分間発酵させる(H)。

＊発酵時間の2/3が経過した頃がパンチのタイミング。それより早いとボリュームが足りず、骨格のしっかりした焼き上がりにならない。
＊発酵時間はパンチ時の手触りで見極める。つながりが弱く、ややベタつくようなら長めに、つながりが強く、張りがあれば短めにする。

3　分割・丸め・ベンチタイム

①作業台に生地をあけ、スケッパーで幅6cm程度の帯状に切り、端から220gに切り出していく(I)。
②生地の左右を引っ張るようにして内側に折り返す(J)。
③手前から1/3を折り(K)、さらに半分に折り、手で軽く転がして長さ14cmの俵形に整える。
④発酵ケースに並べ、常温(約20℃)に15分間おく(L)。

● **副材料（生地2244g分）**
ドライいちじく*5（8等分に切る）　400g
くるみ　300g
アニスシード　7.2g

*1 この分量で仕込んだ生地から2244gを使って6本分つくる。余りは別の商品に使用。

*2 蒸して皮をむいたじゃがいもをマッシャーでつぶしたもの。

*3 モルトエキスを同量の水で溶いたもの。

*4 このパンと同じ小麦粉を使って、微量のイーストで15時間常温発酵させた生地（写真）。中種として使用。

*5 ノンオイルコーティングのホールを使用。

こんな風に食べてみたら：マスカルポーネチーズをぽってり、その上にフレッシュのいちじく。赤ワインのお供に　⇒レシピ・P.86

4 成形

①作業台に生地2個を縦長に、平行に置き、麺棒で長さ25cmにのばす（M）。それぞれにアニスシードを0.6gずつ散らす（N）。
②左右を少し内側に折りこみながら、巻き上げる（O）。もう1枚も同様にする。
③2つの生地のそれぞれ片方の側面に打ち粉をふり、その面どうしをくっつけて一文字に置く。両端に手のひらをあて、薬指と小指側に力を入れて前後に転がす（P）。それぞれが、いちじくに似た円錐形になる。
④互い違いに抱き合わせ（Q）、型に入れる。

＊2つの生地を一文字に並べて同時に成形するのは、生地の横のびを防ぐため。長さは変えずに端に向かって細くする。

5 最終発酵

28℃・湿度80％のホイロで60分間発酵させる（R・S）。

R 発酵前　S 発酵後

6 焼成

①生地の表面に小麦粉（分量外）をふり、生地のそれぞれにクープを3本入れる（T）。
②上火250℃・下火250℃のオーブンに入れ、スチームを入れて23分間焼く。
③オーブンから出したら、すぐに型から取り出す（U）。

＊スチームの量は、生地の表面がまんべんなく湿る程度。スチームを入れることで、つやのある焼き上がりになる。

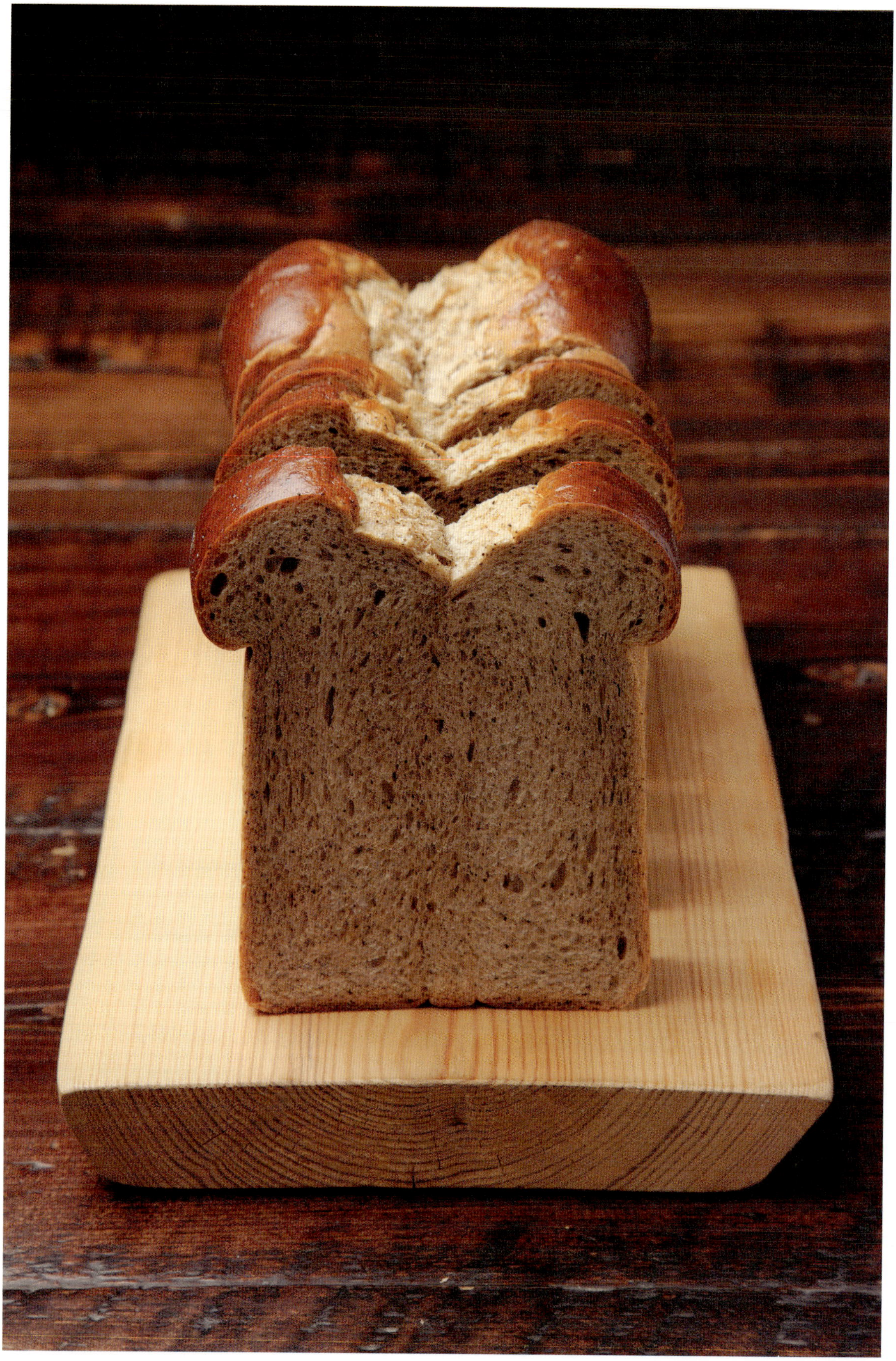

エスプレッソ食パン

ネモ・ベーカリー&カフェ
nemo Bakery & Café

根本孝幸

コーヒー風味の菓子パンを
食パン仕立てに

　「コーヒー味のパンが食べたい」というお客さまのリクエストをきっかけに、このパンは生まれました。コーヒー味のパンというと、コーヒーロールなどの菓子パンがまず頭に浮かびますが、僕はあえて、食パンという形式にこだわりました。菓子パンは、副材料との味合わせや、形や仕立てのユニークさでアピールするのに対し、食パンは生地そのもので勝負するもの。生地にこだわったこのパンは、食パンに仕立てたほうが風味をよりじっくりと味わっていただけます。とはいえ、小麦粉に対して砂糖が25％も入る甘い生地ですから、食パンの姿をした菓子パンとも言えるんですけどね。

　レシピを考えるときにイメージしたのは、砂糖をたっぷり入れたカフェ・クレーム──エスプレッソのように濃いコーヒーにスチームしたミルクを混ぜた、フランスのカフェメニュー。苦みを堪能したあとに、カップの底に残った砂糖の甘さを楽しむ、あの感じです。コーヒーのほろ苦さをストレートに伝えるために、生地にエスプレッソの抽出液と挽いた粉を両方混ぜています。こうすると二重に香るんです。また、バターを使うとコーヒーの苦みや香りを殺してしまうので、風味に影響しないショートニングを使っています。

　技術面のポイントは、焼成にあります。砂糖たっぷりの生地ですから、通常の食パンのように高温で長時間焼くと、パサついて焦げてしまいます。上火を弱くして短時間で焼き、つややかに、ふんわりやわらかに仕上げます。なかなか気づいてもらえないんですが、じつは形もコーヒーなんです。上から見ると、2粒のコーヒー豆に見えるでしょう？

コーヒー豆のように色濃く、つややか。表面は香ばしく、中は口溶けよく

最終発酵終了。最後の焼成で食感が決まる。「機械任せにしてはいけません」

1	ミキシング	縦型ミキサー（ドラゴンフック） 低速2分＋中速3分＋高速3分→ショートニング入れ →低速2分＋中速3分＋高速2分＋低速30秒　こね上げ27℃
2	一次発酵・ パンチ	常温（27℃）・90分　60分経過後に三つ折り×2回パンチ
3	分割・丸め・ ベンチタイム	220g・俵形　常温・15分
4	成形・ ベンチタイム	俵形×2個→常温・15分→コーヒー豆形 17.5×9×高さ9cmの角型
5	最終発酵	38℃・湿度80%・30～40分
6	仕上げ・焼成	溶き卵をぬる 上火170℃・下火240℃・23分

材料と配合（粉1kg仕込み・4本分）

強力粉（Sリング／瀬古製粉）　100％・1000g
インスタントドライイースト（赤ラベル／サフ）　2％・20g
グラニュー糖　25％・250g
塩（モンゴル産）　2％・20g
エスプレッソ用コーヒー豆（挽いた粉*1）　3％・30g
エスプレッソ（抽出液）　10％・100g
水*2　55％・550g
ショートニング　5％・50g

溶き卵*3（つや出し用）　適量

1　ミキシング

①ミキサーボウルに強力粉、インスタントドライイースト、グラニュー糖、塩を入れて泡立て器でよく混ぜる（A）。
②コーヒー豆を挽いた粉、エスプレッソ、水を加えて低速で2分間混ぜる。中速に上げて3分間こね、さらに高速で3分間こねる。生地がボウルからはがれてフックにからまるようになる（B）。
③ショートニングを加え（C）、低速で2分間混ぜ、中速に上げて3分間こね、さらに高速で2分間こねる。つやのある、伸展性の高い生地になる（D）。最後に低速で30秒間こねる。こね上げ温度は27℃。

＊室温が低い場合は、こね上げ温度を1～2℃高くする。
＊最後に低速におとすことで、張りつめた生地を少しゆるめる。これにより、生地全体が均一に発酵しやすくなる。

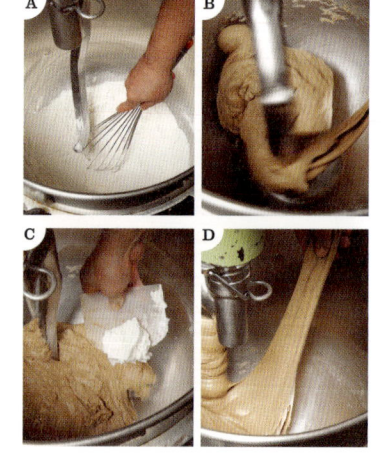

2　一次発酵・パンチ

①生地を作業台に取り出し、四方の端を裏側にたくしこんで丸め（E）、ボウルに入れる（F）。
②ラップフィルムをかけて常温（27℃）で90分間発酵させるが、60分経過後に③の要領でパンチを行う。この段階で生地はかなり膨らんでいる（G）。
③生地を作業台に取り出し、端を避けて指先で押さえてガスを抜く（H）。奥と手前から三つ折りにし、左右からも三つ折りにする（I）。
④容器に戻し、ラップフィルムをかけ（J）、常温でさらに30分間発酵させる。

3　分割・丸め・ベンチタイム

①生地を作業台に取り出し、220gに分割する。
②手のひらで押さえて平らにならし（K）、裏返す。
③手前から巻き上げ（L）、軽く転がして俵形に整える。
④巻き終わりを下にして発酵ケースに並べ（M）、常温に15分間おく。

＊生地を平らにならすことで、生地中のガスをまんべんなく分散させる。

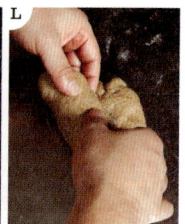

＊1 エスプレッソ用にブレンドした深煎り豆を細挽きにして使う(写真上：細挽き粉、下：エスプレッソ)。
＊2 冬期以外は、よく冷やした水を使う。
＊3 全卵1個と卵黄1.5個を混ぜたもの。

こんな風に食べてみたら：厚切りスライスに生クリームをぬり、キャラメルソースをかけて、キャラメルマキアート風に　⇒レシピ・P.86

4　成形・ベンチタイム

①作業台に打ち粉をし、生地を縦長に、2本を左右に並べて置く。のばしたときにくっつかないよう間隔をあける。
②生地の真ん中を麺棒で押し(N)、前方に転がしてのばし、逆回転させて手前ものばす(O)。
③裏返して手前から巻き上げる(P)。巻き終わりをしっかりつまんでとめる。
④とじ目を上にして縦長に置き直し、半分にたたみ(Q)、とじ目をしっかりつまんでとめる。常温で15分間休ませる。
⑤とじ目を下にして、2つの生地を横に並べる。真ん中に麺棒をあて、作業台にあたるまでぐっと押す(R)。
⑥薄い部分を寄せるように持ち上げて、ショートニング(分量外)をぬった型に2個ずつ入れる(S)。

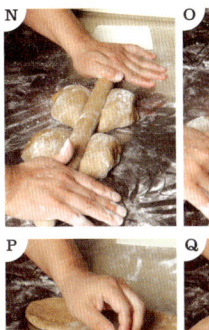

5　最終発酵

38℃・湿度80％のホイロで30〜40分間発酵させる。型の4割だった生地が、8割強に膨らむ(T)。

6　仕上げ・焼成

①生地の表面に、刷毛で溶き卵をぬる(U)。卵が型につかないよう注意する。しばらくおいて乾かす。
②上火170℃・下火240℃のオーブンに入れ、23分間焼く。
③オーブンから出したら、すぐに型を台に打ちつける。型からパンを取り出し、網にのせて冷ます(V)。

＊濃い溶き卵をぬるとクラストが香ばしくなる。卵を乾かしてから焼くと、つやが増す。
＊弱めの上火、強めの下火で25分以内に焼き上げることが大切。上火を強くして時間をかけすぎるとパサついて焦げるし、下火が弱いと腰折れの原因になる。

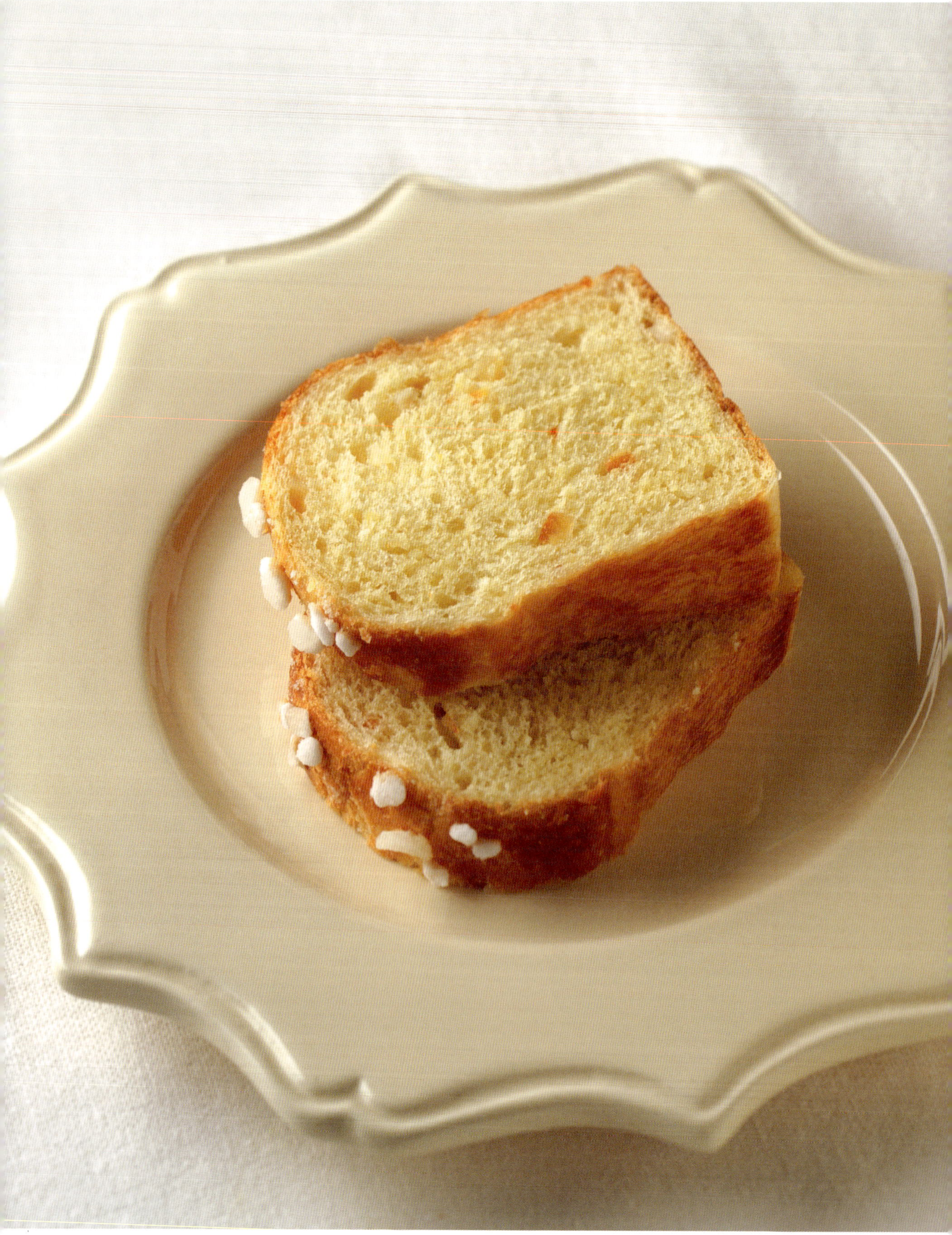

ムナ

ブーランジェリー パサージュ ア ニヴォ
BOULANGERIE Passage à niveau

大和祥子

バターと卵がたっぷり。
柑橘の香り豊かな、型焼きブリオッシュ

　ひよこ色の生地は、バターと卵をふんだんに使ったブリオッシュ生地。その中にぷつぷつと散らばるオレンジ色の粒が、オレンジピールとレモンピール。ふんわりやわらく、しっとりとした食感がこのパンの魅力です。

　レシピの原形は、研修で訪れたパリ郊外のブーランジェリー「ファブリス・デュコント」で出会った「ムナ」という名前のパンなんです。やわかな食感とリッチな風味が忘れがたく、私なりに再現して同じ名前をつけさせてもらいました。小麦粉はフランスの店で使っていた粉に近い、日本の製粉会社のフランスパン用粉を使っています。通常のパンの感覚で焼くとパサついてしまうので、中心まで火が通るぎりぎりのタイミングで浅めに焼き上げ、しっとりさせています。

　見た目がパウンドケーキのようなので、甘いパンだと思われがちですが、三温糖を10％混ぜているだけなので、甘さはほどほど。そこで、ジャムのように甘煮にしたオレンジとレモンのピールを小さく角切りにしてたっぷり練りこんで、味のアクセントにしています。トッピングしたあられ糖は、食感のアクセント。大粒なのでがりっとインパクトがあるし、甘みも補ってくれます。あられ糖をふるだけで、見た目の印象がぐんとかわいらしくなり、目を惹くんです。

　この生地からは、ムナのほかにもパンをつくっています。副材料を混ぜずに焼く「ブリオッシュ」、くるみを練りこんだ「ノア」など。冷凍保存できる生地なので、5日に一度まとめて仕込み、毎日、さまざまに使い分けています。

雪が積もった家のような姿は、クリスマスにも活躍。片手にのるミニサイズ

ムナには、兄のブリオッシュと弟のノアがいる。同じ生地と型で焼く三兄弟

1	ミキシング	縦型ミキサー（スパイラルフック） 低速4分+中速5分→バター入れ→低速2分+高速8分 →副材料入れ→低速約1分　こね上げ25℃
2	冷蔵	冷蔵(3℃)・3時間
3	分割1・冷凍保存・解凍	440g(2台分)　冷凍(-20℃)・4～5日→解凍(3℃)・8時間
4	分割2・丸め・冷蔵	220g・丸形　冷蔵(3℃)・20～30分
5	成形	俵形　13×7×高さ6.5cmの角型
6	最終発酵	28℃・湿度75%・60分
7	焼成	上火190℃・下火175℃・15分

材料と配合

●生地（粉4kg仕込み[*1]）

- フランスパン用粉(オーベルジュ／丸信製粉)　100%・4000g
- 塩　2.5%・100g
- 三温糖　10%・400g
- 生イースト(US／オリエンタル酵母)　2.5%・100g
- 水(3℃)　12.5%・500g
- 全卵　60%・2400g
- 無塩バター(厚さ2cmにカット[*2])　50%・2000g

●副材料（生地1800g分）

- オレンジピール(5mm角切り)　230g
- レモンピール(5mm角切り)　230g

1 ミキシング

①ミキサーボウルにフランスパン用粉、塩、三温糖を入れ、低速でまんべんなく混ぜる。生イーストを分量の水に溶かして加え、全卵も加える。低速で4分間混ぜ、中速に上げて5分間こねる(A)。

②常温(28℃)にもどしたバターを加え、低速で2分間混ぜ、高速に上げて8分間こねる(B)。徐々につやがでて、ボウルの底からはがれるようになる。必要量を取り分ける(ここでは1800g)。

③オレンジとレモンのピールを合わせ、小麦粉を適量ふって(分量外)、まんべんなく和える(C)。これを生地に加え、低速で約1分間混ぜて全体に行き渡らせる(D)。こね上げ温度は25℃。

＊バターたっぷりのだれやすい生地なので、こね上げ温度をおさえるために、水は氷で冷やし、小麦粉と卵は冷蔵庫で冷やしておく。

＊ピールを小麦粉で和えるのは、くっついているものをばらばらにして、生地にまんべんなく分散させるため。

2 冷蔵

①作業台に生地を移し、四隅を引っ張って四角形に整える。

②左右の中央を持ち上げて、生地の重みを利用して端を裏側にたくしこみ(E)、向きを90度変えて同様に持ち上げて、ふっくらと厚みをもたせる(F)。

③天板にのせてビニールシートで包み、冷蔵庫で3時間冷やして生地を締める。

＊バターたっぷりの非常にやわらかい生地なので、いったん冷やして扱いやすくする。

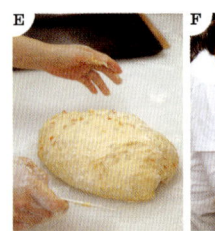

3 分割1・冷凍保存・解凍

①生地を作業台に取り出し、2台分の量(440g)に分割する。

②生地を軽く巻いて俵形に整える。巻き終わりを下にして天板に並べ、ビニールシートで包んで冷凍保存する(G)。

③使用する前日に冷蔵庫に移し、8時間ほどかけて解凍する。

＊冷凍可能な生地なので、4～5日分をまとめて仕込んで冷凍保存する。小分けにしたほうが使い勝手がよく、解凍も早いため、便宜上、2台分の量に分けている。

溶き卵（つや出し用）　適量
あられ糖　適量

＊1 この分量で仕込んだ生地から1800gを使用し、10台分をつくる。残りは別の商品に使用。
＊2 バターを大量に使う場合は、小さめにカットしたほうが常温にもどしやすく、生地に混ぜやすい（写真）。

こんな風に食べてみたら：バニラアイスとオレンジソースでデザートにアレンジ。アールグレイのアイスミントティーと一緒に　⇒P.86

4　分割2・丸め・冷蔵

①解凍した生地を作業台に移し、麺棒で厚さ3cmにのばす。スケッパーで220gに分割する。
②生地の端をすべて裏側にまとめこんで丸める（H・I）。
③きれいな面を上にして天板に並べる。ビニールシートで包み、冷蔵庫で20〜30分間休ませる。
＊だれやすい生地なので、終始、手早く作業する。

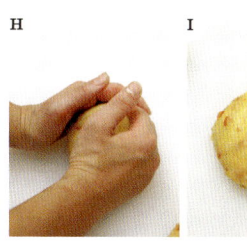

H　I

5　成形

①生地を作業台にのせ、手のひらで上からぎゅっと押して円形にする。
②手前から1／4を折り、生地の合わせ目をしっかり押さえる（J）。
③左右からも同様に折って押さえ（K）、奥からも折って押さえる。
④奥から半分にたたみ、手のひらの付け根で生地のとじ目をしっかり押さえる（L）。
⑤ころころと転がして俵形に整える。
⑥ショートニングをぬった型に、とじ目を下にして入れる（M）。
＊3連型は中央の型の火通りが悪いので、左右のみ使用。

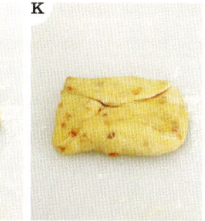

J　K
L　M

6　最終発酵

28℃・湿度75％のドウコンディショナーで60分間発酵させる（N・O）。

＊翌朝に焼成するなら、ドウコンディショナーのプログラム機能を使う。設定条件：−5℃・冷凍保存（時間は任意）→2℃・2時間解凍→18℃・2時間庫内予熱→28℃・湿度75％・60分間発酵

N 発酵前　O 発酵後

7　焼成

①生地の表面に刷毛で溶き卵をぬり（P）、あられ糖をまんべんなく散らす。
②上火190℃・下火175℃のオーブンに入れ、15分間焼く。
③オーブンから出したらすぐに型を台に軽く打ちつけ、型からパンを取り出す（Q）。
＊通常のパンの感覚で焼くとパサついてしまうので、中心まで火が通るぎりぎりの時間を見極め、しっとりと仕上げる。

P　Q

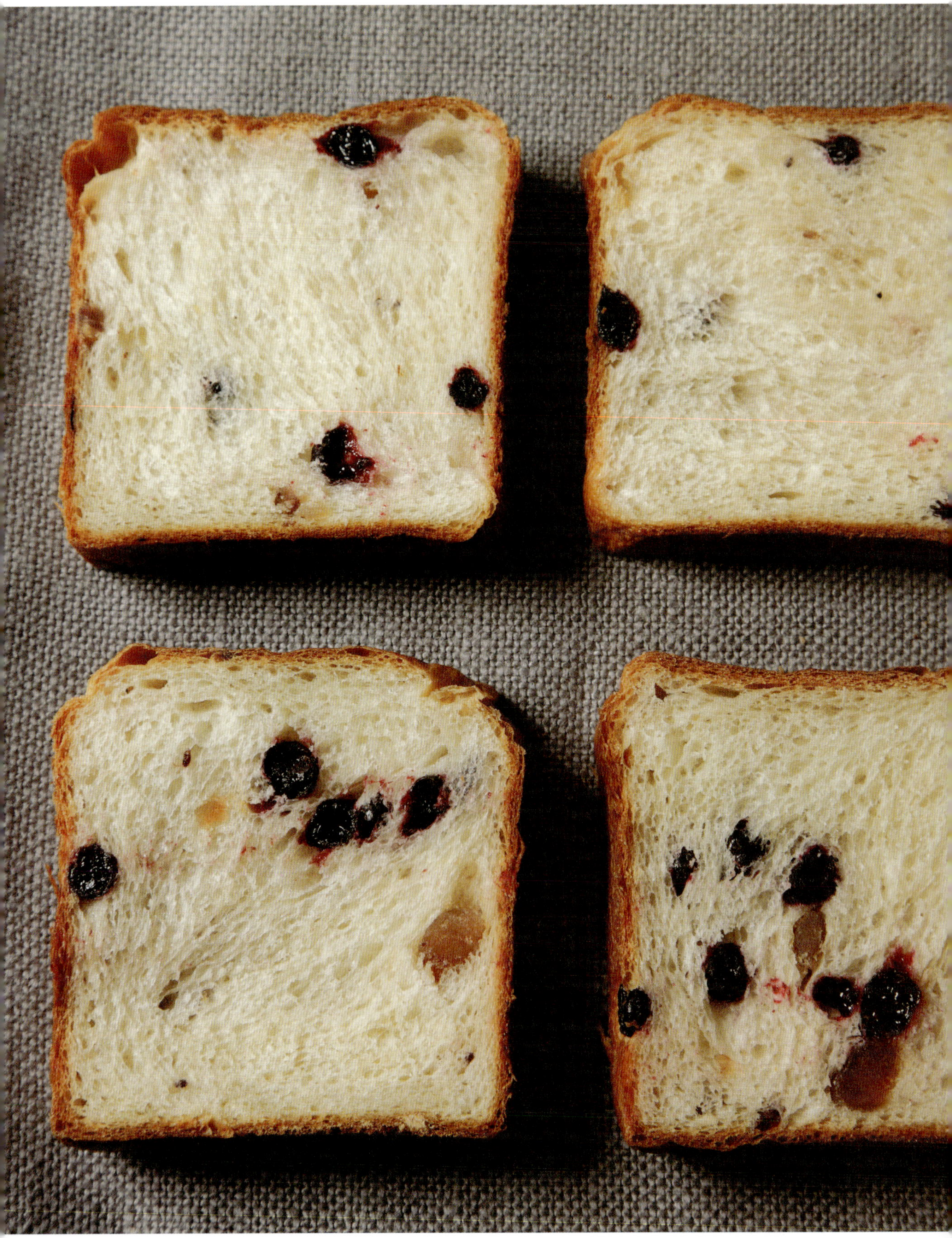

栗とカシスの食パン

ブーランジュリー&パティスリー カルヴァ
Boulangerie Pâtisserie CALVA

田中 聡

マロングラッセとカシスが織りなす
食パンの新たな世界

　栗とカシスは、洋菓子では定番の組み合わせ。栗が旬を迎える頃に、生菓子や焼き菓子に姿を変えて登場する秋らしい素材です。そんな話をパティシエの友人としているうちに思いついたのが、このパンです。ブロークンタイプのマロングラッセと、シロップで煮てやわらかくもどしたドライカシスを生地に混ぜ、型に入れてふっくらと焼き上げました。

　生地はレーズンパンのために考えた、甘みのある食パン生地です。うちのような小規模店では、ひとつの生地からさまざまなバリエーションを生み出す工夫が欠かせません。同じ生地を使っても、混ぜる素材を変えると見た目の印象だけでなく、風味もがらりと変わります。このパンでは、味の凝縮したドライカシスをシロップで煮てからレモン汁を加え、カシスの酸味を補強することで、マロングラッセの甘さを際立たせています。試作中に、マロングラッセはころころした固まりで入れるより、くずして生地になじませたほうが風味が出やすいと気づき、ミキシングを長めにして生地と一体化させています。

　このパンにはレパートリーがあり、季節ごとに練りこむフルーツを変えています。これまでに、フリーズドライのストロベリーやストロベリーパウダーを練りこんだ「苺の食パン」、ドライのマンゴー、パイナップル、キウイとパッションフルーツのピュレを練りこんだ「トロピカルフルーツの食パン」などをつくってきました。なかでも、この栗とカシスは一番の人気アイテム。おそらく、通年販売しても売れると思いますが、季節感を大切にしたいので秋限定品としています。

甘く香ばしいクラストは、クラムとのなじみがよいよう薄めに焼き上げる

棒状の生地2本をねじり合わせることで、だれやすい生地がふっくらと発酵

0	副材料の準備	ドライカシスをシロップで煮る
1	ミキシング	縦型ミキサー（ドラゴンフック） 低速5分＋中速15分→バター入れ→低速3分＋中速1分 →副材料入れ→低速3分　こね上げ25～26℃
2	一次発酵・パンチ	常温（30℃）・90分　60分経過後に三つ折り×2回パンチ
3	分割・丸め・ベンチタイム	210g・丸形　常温・30分
4	成形	棒状（長さ25cm）・2本→ツイスト　18×8×高さ9cmの角型
5	最終発酵	33℃・湿度78％・40分
6	焼成	上火210℃・下火250℃・約25分

材料と配合

● 生地（粉2kg仕込み*）

強力粉（カメリヤ／日清製粉）　40％・800g
強力粉（イーグル／日本製粉）　40％・800g
国産強力粉（ジャパネスク／日本製粉）　20％・400g
全卵4個＋水　70％・1400g
グラニュー糖　15％・300g
塩　1.5％・30g
スキムミルク　4％・80g
生イースト（US／オリエンタル酵母）　4％・80g
無塩バター（厚さ1cmにカット）　15％・300g

0　副材料の準備

マロングラッセはブロークンタイプを使い（A上）、ドライカシス（A下）は以下の要領でシロップ煮にする。
①ドライカシスのシロップ煮の材料のうち、グラニュー糖と水を鍋に入れ、沸騰させてシロップをつくる。
②ドライカシスを①に加え、再び沸騰したら火を止めて、30分以上おいて味をなじませる。
③ざるにあげて汁気をきる。
④レモン汁をかけ（B）、和える。冷蔵保存する。

＊ドライカシスはシロップで煮ることで、食感と風味が増す。レモン汁はカシスの酸味を補強する役割。

1　ミキシング

①ミキサーボウルに全卵と水を入れ（C）、小麦粉、グラニュー糖、塩、スキムミルクを加え、生イーストを手でほぐして加える。低速で5分間混ぜ、中速に上げて15分間こねる。
②生地がつながり、ボウルの底からはがれるようになったら（D）、バターを加える。
③低速で3分間混ぜ、中速に上げて1分間こねる。つきたての餅のようにつややかで、指が透けるほど薄くのびる生地になる（E）。
④必要量を取り分けて（ここでは2kg）、マロングラッセとドライカシスのシロップ煮を加え、低速で3分間混ぜる（F）。マロンが半分くらいつぶれて全体になじめばよい。こね上げ温度は25～26℃。

＊糖分の多い生地なのでだれやすい。夏期は粉類を一晩冷凍保存して、こね上げ温度を調整する。

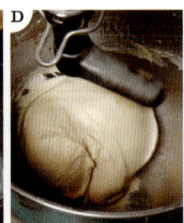

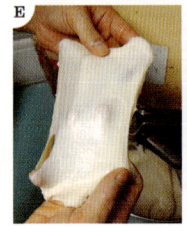

2　一次発酵・パンチ

①生地をまとめて発酵ケースに入れ（G）、常温（30℃）で90分間発酵させるが、60分経過後に②の要領でパンチを行う。
②生地を作業台にあけ、四隅を引っ張って四角形に整え、手前と奥から三つ折りにする（H）。左右からも三つ折りにする（I）。
③折り終わりを下にしてケースに戻し、常温でさらに30分間発酵させる。発酵前の2倍ほどに膨らむ（J）。

＊糖分も具材も多めの生地なので、だれやすく、ボリュームがでにくいため、パンチで伸展性を高める。パンチの強さは生地の状態に合わせて調節。だれてベタついているときは、やや強めの力で行う。

● 副材料（生地2kg分）
マロングラッセ　400g
ドライカシスのシロップ煮（下記）　200g

● ドライカシスのシロップ煮（つくりやすい分量）
ドライカシス　2kg
グラニュー糖　600g
水　2kg
レモン汁　100g

＊この分量で仕込んだ生地から2kgを使用して6本分をつくる。残りは42ページの野菜の食パンなど、他の商品に使用。

こんな風に食べてみたら：くるみをつぶしてメープルシロップとバターを混ぜてパンにひとぬり。カシスの風味が凛と立つ　⇒レシピP.87

3　分割・丸め・ベンチタイム

①生地を作業台にあけ、210gに分割する（K）。
②やさしく転がして丸め（L）、表面を張らせてなめらかな状態にする。
③なめらかな面を上にして、発酵ケースに並べる（M）。常温に30分間おく（N）。

＊力をかけて丸めると生地が切れてしまうので、表面を引っ張りすぎないようにする。

4　成形

①生地を作業台に取り出し、手のひらで軽く押さえてガスを抜く。奥から1／3を折りたたみ、手のひらの付け根で合わせ目を押さえる。
②生地の向きを180度変え、奥から1／3をたたんで押さえる（O）。
③奥から半分にたたんで合わせ目を押さえる（P）。
④生地を転がして長さ25cmの棒状にする。
⑤生地2本をX字に重ね（Q）、左右とも端までねじり合わせる（R）。
⑥離型剤を吹きつけた型に入れ、上から軽く押さえて表面を平らにならす。

＊窯のびしにくく、腰折れしやすい生地なので、2本をねじり合わせて生地どうしで支え合う。

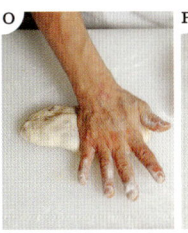

5　最終発酵

33℃・湿度78％のホイロで40分間発酵させる。型の4割程度だった生地が、9割に膨らむ（S・T）。

6　焼成

①型に蓋をして（U）、上火210℃・下火250℃のオーブンで約25分間焼く。
②オーブンから出したらすぐに蓋を取り、型を台に軽く打ちつける。型からパンを取り出し、網にのせて冷ます（V）。

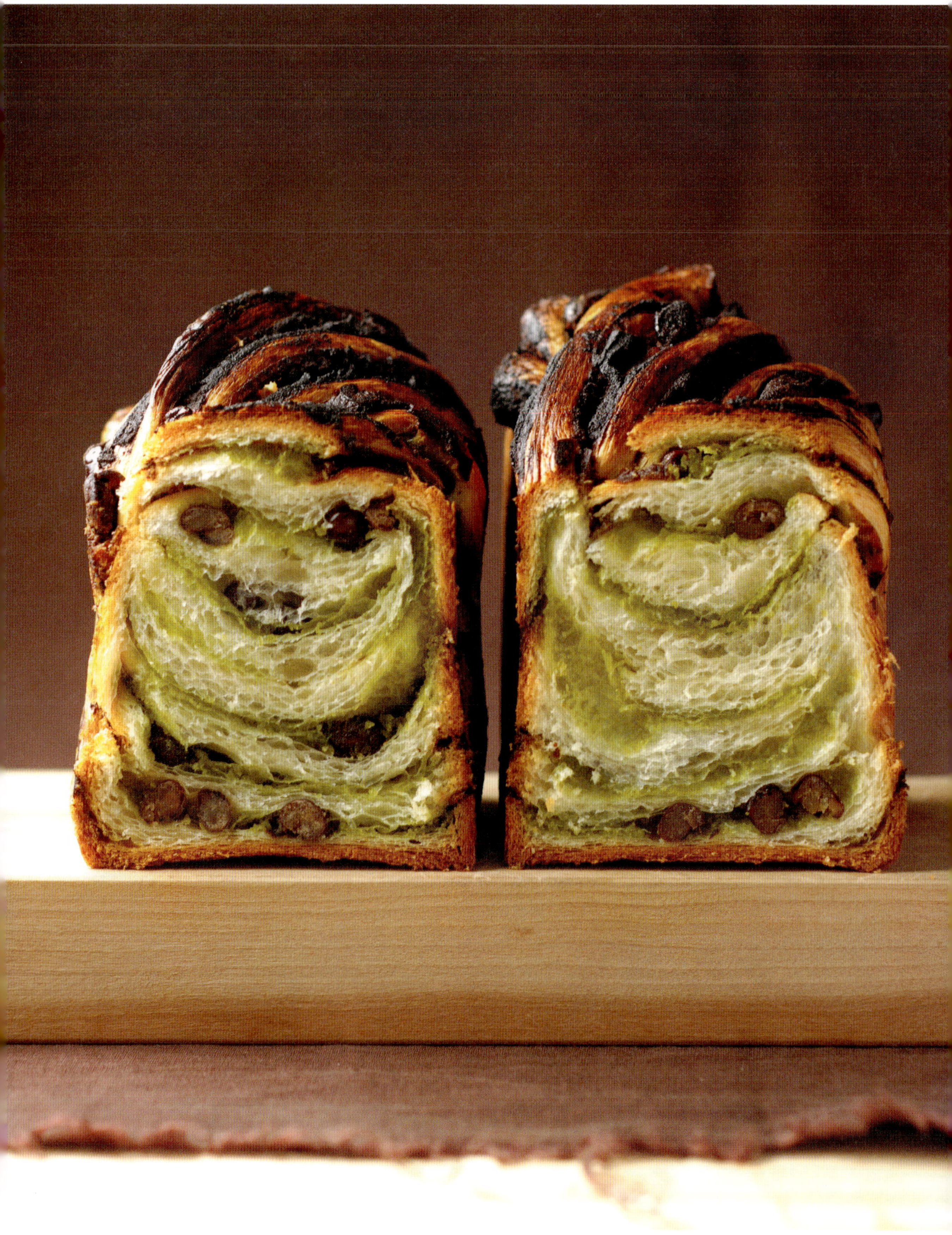

抹茶＆大納言

パナデリーア ティグレ
PANADERIA TIGRE
望月哲二

抹茶の虎模様が浮かぶ
"和"の四角いクロワッサン

　クロワッサン生地を型焼きしたこのパンは、サクッとした軽い歯ざわりが特徴。木の葉を踏んだときのような感覚——それが僕の理想とするクロワッサンの食感です。生地は三つ折り3回がルールで、焼成時の温度や時間がキーポイント。それ以上に三つ折りして層を増やすと、軽さがどんどん失われてしまいます。また、あまり低い温度で焼くと層の隙間からバターが溶け出て風味が落ち、高温だとこのパンのように型焼きする場合、芯まで火が通りにくい。抹茶＆大納言は上火210℃、下火245℃の設定で、窯出しは表面が焦げる寸前、ぎりぎりのタイミングがねらいどころ。すると、芯まで火が通ってふんわりと膨らみ、エッジの立ったフォルムに仕上がります。

　焼き色が濃く、一見すると無骨な印象ですが、切り分けたときに表れるのがこのパンの本当の顔です。イメージしたのは、店名のティグレ（フランス語で「虎」の意）に由来する虎模様。ほんのり黄みがかったクロワッサン生地の中を、緑色のラインが荒々しく走ります。そんな風に言われてみると、なんだか外見も虎のように見えてきませんか？　この模様のデビューは、クロワッサン生地にこし餡を合わせた型焼きパンの「あんデニ・ティグレ」。こし餡で描いた模様は色も虎そっくりで、いまでは店の看板商品のひとつになっていますが、抹茶＆大納言は、いわばその兄弟分。抹茶ペーストでカラーリングを変え、甘く炊いた大納言小豆を合わせて和のテイストをぐっと深めました。

　生地も具もリッチなので、プレゼントとして購入するお客さまもいます。届けられた先でも、独特のルックスや和の食材を使った新しい味に、楽しさや驚きを感じてもらえたら。そう願っています。

焼き上がりはまさに虎模様。黄金色のクラストに小豆と抹茶のラインが走る

具はまんべんなく。目指すは、どこを食べても和を感じるリッチな仕上がり

1	ミキシング	縦型ミキサー（ドラゴンフック）　低速5分　こね上げ20℃
2	一次発酵	常温（20℃）・20分
3	成形1・冷凍	一辺35cmの正方形　冷凍（−14℃）・6時間
4	折りこみ1・冷凍	三つ折り×2回　冷凍・90分
5	折りこみ2・冷凍	三つ折り×1回　冷凍・一晩
6	分割・成形2	450g・副材料をのせて巻く→半割り→ツイスト　18.5×9.1×高さ9.8cmの角型
7	最終発酵	28℃・湿度85%・3時間
8	焼成	上火210℃・下火245℃・35分

材料と配合

● 生地（粉1.5kg仕込み*¹）

- 強力粉（ゴールデンヨット／日本製粉）　60%・900g
- フランスパン用粉（モンブラン／第一製粉）　40%・600g
- 氷水　16.53%・248g
- 牛乳　40%・600g
- モルト溶液*²　0.6%・9g
- 塩　2.1%・31.5g
- グラニュー糖　6%・90g
- 無塩バター　5%・75g
- セミドライイースト（レッド／サフ）　1%・15g
- 折りこみ用シートバター（一辺27cmの正方形）　60%・900g

1　ミキシング

①ミキサーボウルに氷水、牛乳、モルト溶液、塩、グラニュー糖を入れ、泡立て器で軽く混ぜる。
②2種類の小麦粉、バター、セミドライイーストを加え、低速で5分間こねる（A）。こね上げ温度は20℃。ベタつきが少なく、かたく、のびにくい生地になる（B）。

2　一次発酵

①生地を作業台に移し、手で押しつぶすようにして（C）、一辺20cmの正方形に整える。
②発酵ケースに入れ、常温（20℃）で20分間発酵させる（D）。

＊ここでいったん発酵させると生地がのびやすくなり、3、4、5の工程で作業しやすくなる。

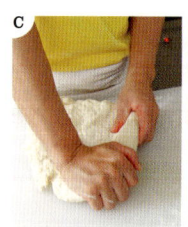

3　成形1・冷凍

①生地を作業台に置き、麺棒で一辺35cmの正方形にのばす（E）。
②ビニール袋に入れ、ビニールが生地に密着するように空気を追い出して包む。天板にのせ、冷凍庫（−14℃）に6時間おく。

＊冷凍するのはイーストの働きを止めるため。同様の目的で、以降、折りこみ後は毎回冷凍する。

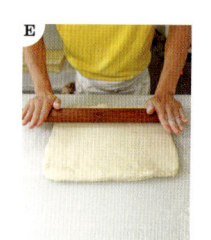

4　折りこみ1・冷凍

①生地をパイローラーに縦横に数回通し、ひとまわり大きな正方形にのばす。
②バターを包むときに折り目になる部分に麺棒を押しあて、少し薄くする。
③冷凍庫で冷やした折りこみ用シートバターを②の上に45度ずらしてのせ、バターを麺棒で叩いてやわらかくする（F）。
④生地を左右から折り返す。上下の生地は縁を麺棒で薄くしてから（G）、折り返す。
⑤麺棒で押したり叩いたりして34×31cmの四角形にのばす（H）。
⑥パイローラーで長辺の方向にのばして厚さ3mmにする。三つ折りにし（I）、麺棒をかけて生地をはり合わせる。
⑦向きを90度変えてパイローラーにかけ、厚さ3mmにする。また三つ折りにする。
⑧約9.5mm設定のパイローラーに生地を通した後、ビニール袋に入れて密着させて包み、冷凍庫で90分間休ませる。

＊途中で生地がだれたら、冷蔵庫で冷やす。

● 副材料（生地450g分）
抹茶ペースト*3　145g
大納言かのこ　100g

卵液（つや出し用）*4　適量

*1 この分量で7本分をつくり、余った生地（約320g）はクロワッサンなど別の商品に使用。
*2 モルトエキスを同量の水で溶いたもの。
*3 マジパンと抹茶エキス（トックブランシュ抹茶／ドーバー洋酒貿易）を5:1の割合で混ぜたもの（与具）。
*4 全卵1個、加糖卵黄30g、水25gを混ぜ合わせたもの。

こんな風に食べてみたら：ひと口大に切り、バニラ風味のアングレーズソースを流してデザート仕立てに　⇒レシピ・P.87

5　折りこみ2・冷凍

①生地の向きを90度変えてパイローラーにかけ、厚さ3mmにする。三つ折りにする（J）。
②約9mm設定のパイローラーに通して生地どうしをしっかりはり合わせる。
③ビニール袋に入れて密着させて包み、冷凍庫に一晩おく。

*②では生地をやや薄めにする。こうしておくと、次の成形段階で生地が少々膨らんでいても、パイローラーにスムーズに通すことができる。

6　分割・成形2

①パイローラーで生地を幅34cm、厚さ6mmの長い帯状にのばす。
②作業台に横長に置き、15cm幅に切り出していく（K）。1枚450gになる。
③パイローラーで②を短辺の方向にのばし、厚さ2mmの、ほぼ正方形にする。
④片方の端をのりしろとして3cm残し、抹茶ペーストを薄くぬる。大納言かのこをまんべんなく散らし、きつめに巻く（L）。
⑤巻き終わりを下にして置き、先端を1cm残して包丁で半割りにする（M）。
⑥二手に分かれた生地の各断面が表に出るように、3～4回ねじり合わせる（N）。
⑦型に入る大きさに整え（O）、型に入れて上から軽く押さえる。

7　最終発酵

28℃・湿度85％のホイロで3時間発酵させる（P・Q）。

P　発酵前　　Q　発酵後

8　焼成

①生地の表面に刷毛で卵液をぬる（R）。
②上火210℃・下火245℃のオーブンで35分間焼く。
③オーブンから出したら、すぐに型から取り出す（S）。

*表面が焦げるぎりぎりまで焼き、中心までしっかり火を通す。

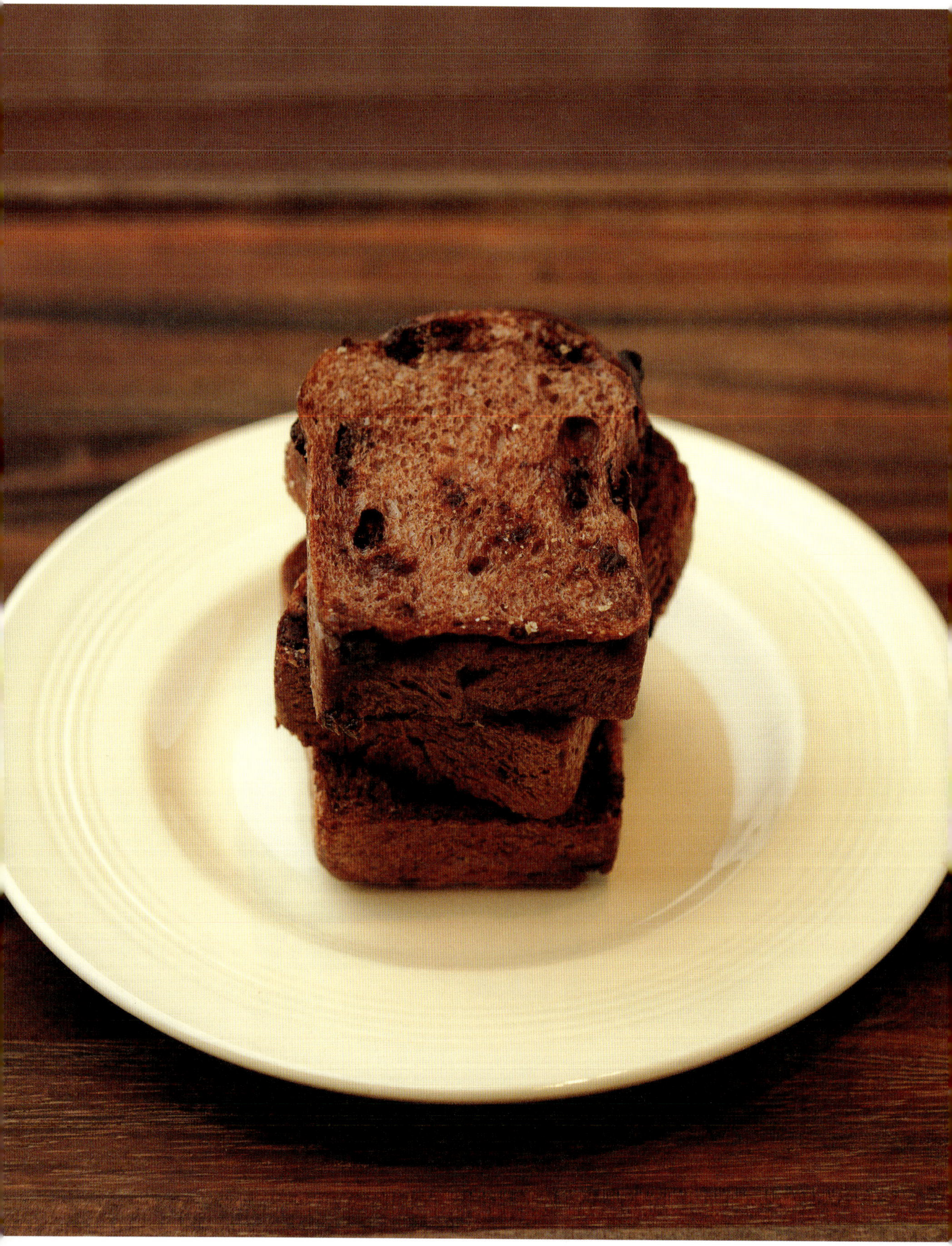

デリツィア ラ チョコラータ

トラスパレンテ
TRASPARENTE
森 直史

ギフトにも人気。
小さなパウンド型の甘苦食パン

　ギフトとして使ってもらえるような、ちょっとふつうと違ったパンをつくりたい。そんな思いで"手土産になるパン"として考えたのが、小さなパウンドケーキ型で焼き上げる「デリツィア ラ チョコラータ」。ココアパウダーとチョコチップをたっぷり混ぜこんだ、お菓子に近い感覚のパンです。カカオの香りを存分に楽しんでほしいので、ココアパウダーはたっぷり加えました。そして、隠し味として加えたインスタントコーヒーは、食べてそれとは気づかなくても、その苦みがカカオの風味を引き立てる大事な素材。生地にムラなく一体化させるため、細かい顆粒状を使います。口にすると、ふわりとカカオの香りが漂い、食べすすめると焼成時に溶けたチョコチップがとろり。北海道産の小麦粉を使ってポーリッシュ法でつくるもちもち感の強い食パン生地だから、こうしたお菓子寄りのアレンジがよく合います。

　ただし、このサイズだと生地量に対する表面積が大きい分、焼きすぎるとすぐにかたくなってしまいます。通常サイズの食パンは、しっかり焼きこんで強いクラストをつくり、腰折れを防ぎますが、このデリツィアでは焼成は浅めにとどめ、ふんわりやわらかな食感に仕上げます。食べるときも、トーストせずに切り立てをやわらかいまま食べていただきたいパンです。

　ちなみに、デリツィアの仲間には、プレーンな食パン生地にセミドライのりんごを混ぜこんだ「リンゴ」もあります。どちらも、ラッピングのご要望があったときは、セロファンの袋で包んでリボンをかけると、手のひらサイズの愛らしいギフトに。焼き菓子よりも手軽にボリューム感のでるギフトとして、使っていただくことも多いんですよ。

型から出た部分がころんと大きく膨らむ、頭でっかちなフォルムが愛らしい

丸に四角、甘いパンに塩味……多彩なパンを詰めれば、楽しいギフトになる

1	ポーリッシュ種	手で混ぜる　常温発酵（24〜25℃）・約3時間
2	本ごね	スパイラルミキサー 低速2分50秒＋中速2分50秒→バター入れ →低速2分50秒＋中速2分50秒　こね上げ26℃ 副材料を手で混ぜる（ミキサーなら低速2〜3分）
3	一次発酵	常温・1時間
4	分割・丸め・ ベンチタイム	60g・丸形　常温・20分
5	成形	丸形×3個　14×5×高さ4cmのパウンド型
6	最終発酵	27℃・湿度60%・40分
7	焼成	上火210℃・下火240℃・20分　窯入れ後にスチーム

材料と配合

● 生地（粉4kg仕込み*）
【ポーリッシュ種】
国産強力粉（エゾシカ／横山製粉）　50%・2000g
インスタントドライイースト（赤ラベル／サフ）　0.1%・4g
水　50%・2000g
【本ごね用】
ポーリッシュ種　上記全量
国産強力粉（エゾシカ／横山製粉）　50%・2000g
塩　2%・80g
グラニュー糖　5%・200g
スキムミルク　2%・80g
インスタントドライイースト（赤ラベル／サフ）　0.9%・36g
水　20%・800g
無塩バター（常温にもどす）　5%・200g

1　ポーリッシュ種

①ボウルにくみたての冷水とインスタントドライイーストを入れ、泡立て器で軽く混ぜる（A）。
②強力粉を加えて手で混ぜる。ダマがあれば完全に握りつぶし（B）、つややかなペースト状にする。
③ボウルのまわりについた種をカードできれいに落とす（C）。ラップフィルムをかけ、常温（24〜25℃）で約3時間発酵させる。全体が膨張し、湯が静かに沸騰しているように小さな泡がぷちぷちとはじける状態になれば発酵完了（D）。本ごねまで冷蔵保存する。

＊ここでダマが残ると、焼き上がりに生地の固まりができてしまう。しっかりつぶしておくことが重要。

2　本ごね

①ミキサーボウルにポーリッシュ種を入れ（E）、強力粉、塩、グラニュー糖、スキムミルク、インスタントドライイースト、水を順に入れる。
②低速で2分50秒間混ぜ、中速に上げて2分50秒間こねて十分にグルテンをだす。
③バターを入れて低速で2分50秒間混ぜ、中速に上げて2分50秒間こねる。こね上げ温度は26℃。つややかでよくのびる、やわらかい生地になる（F）。
④必要量を取り分け（ここでは1330g）、発酵ケースに入れる。ココアパウダー、インスタントコーヒー、チョコチップをかけ、それを包むように半分にたたみ、カードで切ってざっとまとめる。
⑤水80gをかけ（G）、散らばった副材料をカードで集めつつ、生地を切っては重ねる作業をくり返して、均一に混ぜる（H）。

＊副材料をミキサーで混ぜる場合は、低速2〜3分間が目安。

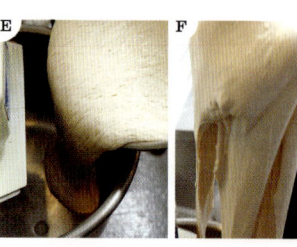

3　一次発酵

①生地の両側の中央を両手で軽く持ち上げて表面を張らせ、だぶついた生地を軽く裏側にたくしこんでまとめる（I）。
②常温で1時間発酵させる。2倍以上に膨らむ（J）。

＊発酵中にココアパウダーとインスタントコーヒーが溶け、生地が濃い茶色になる。

I 発酵前　　J 発酵後

● 副材料（生地1330g分）
ココアパウダー　66g
インスタントコーヒー　7g
チョコチップ　400g
水　80g

＊この分量で仕込んだ生地から1330gを使用して10台分をつくる。残りはコンルーバ（P.52）など他の商品に使用。

こんな風に食べてみたら：チョコがとろけるビターなカカオパンを練乳入りクリームといちごでショートケーキ風に　⇒レシピ・P.87

4　分割・丸め・ベンチタイム

①生地を作業台にあけ、60gに分割する（K）。乾燥を防ぐため、6〜10個ほど分割したら、その都度②③の作業に入る。
②生地を半分に折って表面を張らせ、とじ目を下にして置く。
③手の中で1周させるように転がして軽く丸める（L）。
④とじ目を下にして発酵ケースに並べ、常温に20分間おく。1.5倍程度に膨らむ（M）。

＊成形時に丸め直すので、ここでは軽く丸めるだけ。表面を張らせるにとどめる。
＊少量分割の場合は、まず生地を細い帯状に切り、端から60gに切り出していくとスムーズ。

5　成形

①張らせた面を下にして生地を作業台に置き、手前から半分に折る。この操作はガス抜きも兼ねている。
②手で生地を覆い、円を描いて転がして丸め、最後は手の上で転がして形を整える。とじ目をしっかりつまみとめる（N）。
③離型油を吹きつけた型に、とじ目を下にして3個ずつ入れる。入れる順番は両端、中央の順（O）。

＊型に入れる際、中央の生地玉を最後に入れると、発酵して膨らんだときに、すべての玉の大きさが揃いやすくなる。

6　最終発酵

27℃・湿度60％のドウコンディショナーで40分間発酵させる。生地の頭が型から2cmほどはみ出すくらいが発酵完了の目安（P）。

7　焼成

①上火210℃・下火240℃のオーブンに入れる。スチームを入れ、20分間焼く。
②オーブンから出したら、型を台に打ちつける（Q）。すぐに型からパンを取り出し、網の上で冷ます（R）。

＊オーブンに入れる際は、型と型の間を型の幅以上にあけて並べる。こうすると、側面まで均一に熱がまわる。
＊10分間焼いたところで型の向きを180度変えて焼きムラを防ぐ。

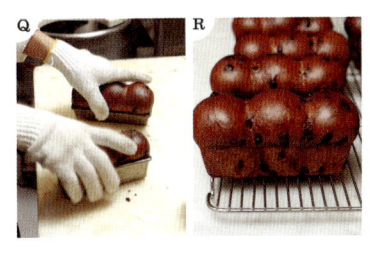

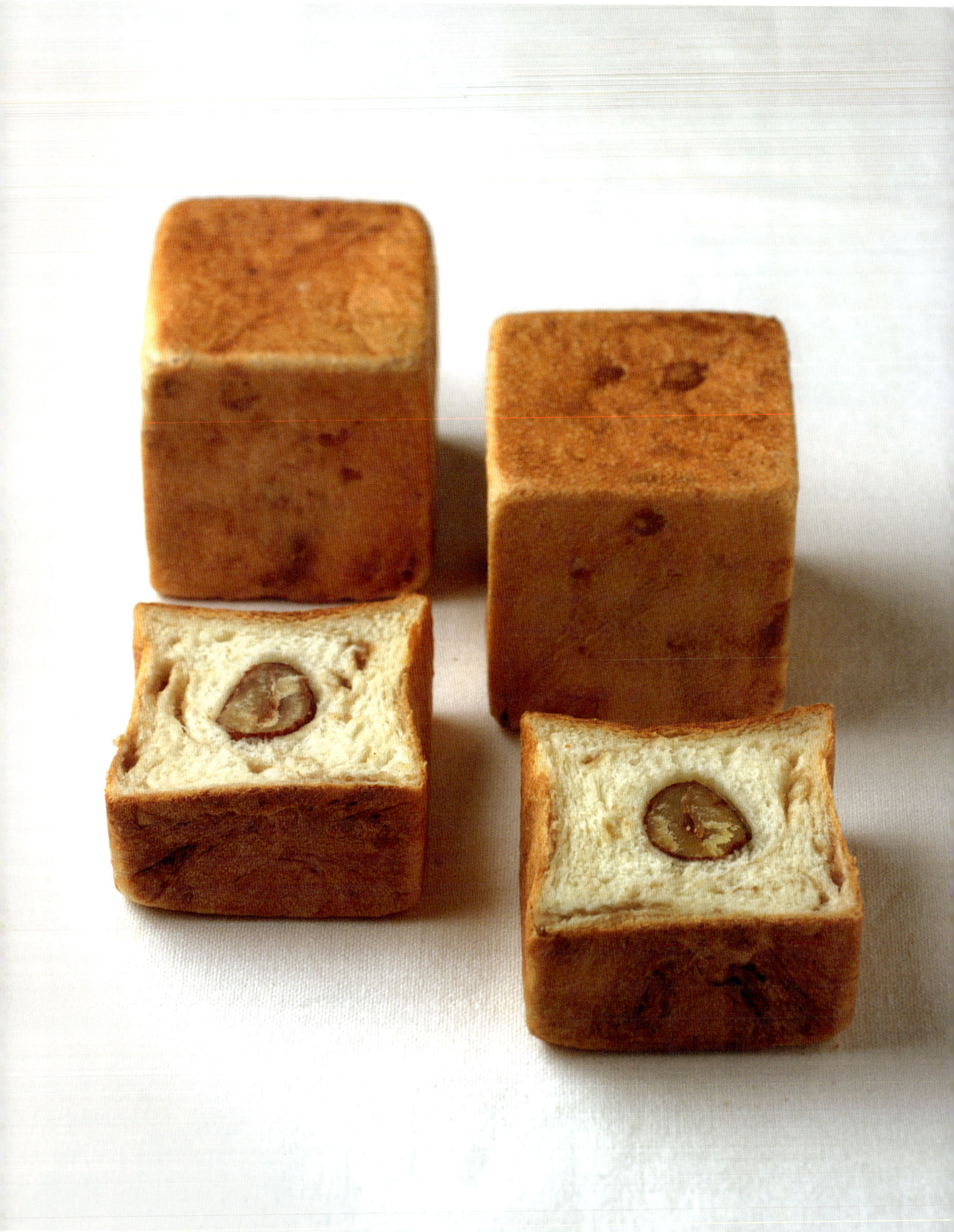

チビくり

ブーランジェリー パサージュ ア ニヴォ
BOULANGERIE l'passage à niveau

大和祥子

大きな栗がころんと入った
サイコロ形のプチ角食

　「チビくり」は合羽橋へ道具を買いに行ったときに、7.5cm角のかわいいパン用型をみつけたことから誕生しました。この型で何かつくりたい、と思ったちょうどそのときが秋だったので、栗を使ったレシピを考えたんです。生地に練りこんでいるのは、甘みのしっかりとしたフランス製マロンペースト。大粒の栗の渋皮煮を真ん中に一粒入れて、見た目と味のアクセントにしています。私自身、甘いものがあまり得意ではないので、生地は角食や調理パンに使っているシンプルな食パン生地を使用し、栗の自然な甘みを生かしています。

　試作段階では、マロンペーストの代わりにクリームチーズを合わせてみたりしたのですが、栗の香りや味がしっかりと感じられるパンにするには栗だけを重ねて使ったほうがよいと気づき、ペーストと渋皮煮を組み合わせることに決めました。マロンペーストは、ミキサーで練りこむと生地に完全に混ざってしまって存在がわからなくなってしまうので、こね上げた生地にぬり広げ、包んで重ねてをくり返して層状に混ぜこむことにしました。完成形としてイメージしたのは、中はもっちりとして、耳はやわらかくて香ばしい、日本茶によく合うおやつパンです。「ふんわり」ではなく、「もっちり」とした食感をだしたかったので、発酵を少し早めに終わらせ、やや多めの生地を型に入れて、目の詰まったクラムに焼き上げています。最初は、秋冬限定のパンとしてつくったのですが、お客さまにとても好評だったので、定番アイテムとして通年、販売しています。

六面すべてがクラストだから、耳好きにはたまらない。もちろん耳まで栗味

渋皮栗の蜜煮は皮なしの甘露煮よりも味が濃厚。皮の風味も大切な要素

1	ミキシング	縦型ミキサー（スパイラルフック） 低速6分+中速4分➡ショートニング入れ ➡低速4分+中速4分 こね上げ25℃
2	ペーストの混ぜこみ	ぬる➡カット➡重ねる➡丸形
3	一次発酵・パンチ	常温（25～30℃）・90分　60分経過後に軽く丸める
4	分割・丸め・ベンチタイム	170g・丸形　常温・30分
5	成形	栗を包んで丸形　7.5cm角のサイコロ型
6	最終発酵	35℃・湿度80%・30分
7	焼成	上火210℃・下火210℃・24分

材料と配合

● 生地（粉3kg仕込み）*1

強力粉（マンモス／第一製粉）　100%・3000g
スキムミルク　30%・900g
塩　2%・60g
三温糖　5%・150g
インスタントドライイースト（赤ラベル／サフ）　1%・30g
モルトエキス　0.2%・6g
老麺（前日のこの生地）　5.5%・165g
水（2～7℃）　65%・1950g
ショートニング（オーガニックショートニング／ダーボン）
　8%・240g

1 ミキシング

①ミキサーボウルに強力粉、スキムミルク、塩、三温糖、インスタントドライイースト、強力粉をまぶしたモルトエキスを入れ、低速でまんべんなく混ぜる。老麺（A）と水を加えて低速で6分間混ぜ、中速に上げて4分間こねる（B）。

②ショートニングを加え（C）、ヘラで生地の表面にぬりのばし、低速で4分、中速に上げて約4分間こねる（D）。ボウルから生地がはがれて、ボウルに叩きつけられて"ぽたぽた"という音をたて始めたらこね上がり。こね上げ温度は25℃。

*水温を夏期なら2～3℃、冬期なら5～7℃に調整して25℃にこね上げる。
*モルトエキスに小麦粉をまぶすのは、ボウルに付着するのを防ぐため。

2 ペーストの混ぜこみ

①生地を必要量だけ取り分けて（ここでは1080g）、作業台にのせる。手で押し広げて厚さ約3cmに整え、マロンペーストを全体にぬり広げる（E）。
②スケッパーで4～5枚に切り（F）、1枚ずつ重ねてひとつにまとめていく（G）。
③一番下の生地で全体を包み（H）、丸く整える（I）。とじ目をしっかりつまむ。

*ペーストはミキサーで練りこむとまんべんなく混ざって風味が薄まってしまうため、手作業で行う。丸める際は、ペーストがこぼれ出さないように両手で包みこむように持ち、生地の端を少しずつ集めてまとめていく。

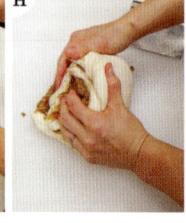

3 一次発酵・パンチ

①とじ目を下にして発酵ケースに入れる（J）。常温（25～30℃）で90分間発酵させるが、60分経過後に②の要領でパンチを行う。

②生地を作業台にあけ、とじ目がゆるんでいたらつまみ直し（K）、表面を軽く張らせて丸め直す。

③とじ目を下にして発酵ケースに戻し、さらに30分間発酵させる（L）。

*ペーストを混ぜこんでいることもあり、強いパンチを行うと生地が傷み、窯のびしなくなるので、やさしく丸め直す程度にとどめる。

● 副材料（生地1080g分）
マロンペースト*2　320g
栗の渋皮煮　8個

*1 この分量で仕込んだ生地から1080gを使用し、8個分をつくる。残りは別の商品に使用。
*2 マロンペースト（フランス製・加糖）に8.5％の水を混ぜたもの（写真）。

こんな風に食べてみたら：クラムがみっちり詰まったこのパンは、スパイシーチャイとともに、三時のおやつに　⇒レシピ・P.87

4　分割・丸め・ベンチタイム

①作業台に生地をあけ、手のひらで軽く押して、ガスを抜きつつ厚みをならす（M）。
②170gに分割する（N）。
③両手で生地を包むように持ち、生地の端を1点に集めて丸め（O）、とじ目をしっかりつまみとめる。
④とじ目を下にして発酵ケースに並べ（P）、常温に30分間おく。ふたまわりほど膨らむ。

＊台の上で転がすとペーストが生地の外に出て、焼成時に焦げる原因になるため、手に持ってやさしく包みこむように丸める。

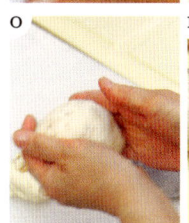

5　成形

①作業台に生地を置き、手のひらで上から押して円形にする。
②生地の中央に栗の渋皮煮を1個のせ、生地を四方八方から寄せて（Q）、包みこむ。とじ目をしっかりとつまむ（R）。
③ショートニング（分量外）をぬった型に、とじ目を下にして入れる（S）。

6　最終発酵

35℃・湿度80％のホイロで30分間発酵させる。型の6割ぐらいだった生地が、9割ぐらいまで膨らむ（T・U）。

発酵前　発酵後

7　焼成

①型に蓋をして（V）、上火210℃・下火210℃のオーブンに入れ（W）、24分間焼く。
②オーブンから出したらすぐに蓋を取り（X）、型を台に軽く打ちつけて、型からパンを取り出す（Y）。

こんな風に食べてみたら

食パンの
おいしい楽しみ方

マンマーノブレッドを使って ⇒P.14
シンプル卵サンド

[材料・2人分]
パン（スライス）　4枚
ゆで卵　4個
マヨネーズ　大さじ4
砂糖　1つまみ
黒オリーブ（みじん切り）　適量
バター、塩、こしょう　適量

①ゆで卵はみじん切りにし、マヨネーズと砂糖を加えて混ぜ、塩、こしょうで味を調える。
②①の一部を取り分け、みじん切りにした黒オリーブを好みの量だけ加えて混ぜる。
③パンの片面にバターをぬり、①または②をたっぷりはさみ、耳を切り落として3等分に切る。

とらや食パンを使って ⇒P.18
バルサミコチキンサンド

[材料・2人分]
パン（スライス）　4枚
鶏もも肉　1枚
バルサミコ酢　大さじ1
はちみつ　大さじ1
しょうゆ　大さじ1／2
レタス　適量
紫玉ねぎ（スライス）　1／8個
塩、こしょう　適量
オリーブ油　大さじ1／2

①鶏もも肉は半分の大きさに切り、厚い部分を切り開いて厚みを均等にする。塩、こしょうをもみこむ。
②フライパンにオリーブ油を熱し、中火で

鶏肉の皮の面を焼く。香ばしい焼き色がついたら裏返し、少々焼く。
③バルサミコ酢、はちみつ、しょうゆを加え、鶏肉にからめながら肉に火を通す。
④パンにレタス、スライスした紫玉ねぎ、③の鶏肉をはさむ。

ジャージー乳のプルマンを使って　⇒P.22

ハム&パイナップルのデリシャストースト

[材料・2人分]
パン(スライス)　2枚
ハム(厚切り)　2枚
パイナップル(缶詰・スライス)　2枚
チーズ　適量
バター　大さじ1
粒マスタード　大さじ1
粗挽き黒こしょう　少量

①バターと粒マスタードを混ぜ合わせ、パンの片面にぬる。その上に、ハム、パイナップル、チーズ(モッツァレラ、グリュイエール、ピザ用チーズなど好みのもの)を重ねる。
②オーブンやオーブントースターでチーズが溶けるまで焼く。仕上げに黒こしょうをふる。

S100(豆乳食パン)を使って　⇒P.26

デリ風惣菜パン

[材料・2人分]
パン(スライス)　適量

●リボンサラダ
にんじん　1本
ズッキーニ　1/2本
酢　大さじ1
はちみつ　小さじ1/2
白だし(市販)　大さじ1/2
オリーブ油　大さじ1
●きのこマリネ
好みのきのこ　2種類
にんにく(みじん切り)　1片
赤唐辛子(輪切り)　少量
白だし(市販)　大さじ2
ローズマリー　好みで適量
オリーブ油　大さじ2

①リボンサラダ：にんじんとズッキーニは、ピーラーでリボン状に薄切りにする。酢(白ワインビネガーや白バルサミコ酢など)、はちみつ、白だし、オリーブ油を混ぜ合わせてソースをつくり、にんじんとズッキーニを和える。しばらくおいてしんなりさせる。
②きのこマリネ：きのこは石づきを切り落とし、ひと口大に裂く。フライパンにオリーブ油、にんにく、赤唐辛子を入れ、弱火にかける。にんにくの香りが立ったら、きのことローズマリーを入れて炒める。きのこから出た水分が煮詰まったら、最後に白だしで味を調える。
③パンに①と②をのせながら食べる。

米粉の食パンを使って　⇒P.30

温野菜のピーナッツバター味噌ソースパン

[材料・2人分]
パン(スライス)　2～4枚
ブロッコリー　小房6個
カリフラワー　小房2個
アスパラガス　2本
にんじん　厚めのスライス4枚
●ピーナッツバター味噌ソース
ピーナッツバター(無糖)　大さじ4
味噌　大さじ2
はちみつ　大さじ1
牛乳　大さじ4

①ブロッコリー、カリフラワー、アスパラガス、にんじんは、ゆでる、蒸す、電子レンジで加熱するなどして、やわらかめに火を通す。
②ピーナッツバター、味噌、はちみつ、牛乳をよく混ぜ合わせてソースをつくる。
③パンに①の温野菜をのせ、②のソースをかける。

五穀食パンを使って　⇒P.38

れんこんとえびのオープン和サンド

[材料・2人分]
パン(スライス)　2枚
れんこん　1/2節(75g)
むきえび　70g
マヨネーズ　大さじ1
粒マスタード　大さじ1/2
しょうゆ　小さじ1
はちみつ　小さじ1
オリーブ油　大さじ1
水菜　適量

①れんこんは皮をむいて薄い輪切りにし、酢水にさらす。
②フライパンにオリーブ油をひき、中火でれんこんとえびを炒める。えびに火が通ったら、マヨネーズ、粒マスタード、しょうゆ、はちみつを加え、全体にからめて味をなじませる。
③パンに②をたっぷりのせて、水菜を散らす。

野菜の食パンとともに ⇒P.42
豆乳MISOポタージュと野菜パン

[材料・2人分]
パン(スライス)　4枚
長ねぎ　1本
豆乳　1.5カップ
味噌　大さじ1.5
バター　大さじ1
塩、こしょう　適量
ナツメグパウダー　少量
水　1／2カップ
生クリーム　1／2カップ
細ねぎ　少量

①長ねぎは斜めに薄く切る。鍋にバターを熱し、長ねぎを中火で炒めていく。途中、下味程度に塩、こしょうをし、ナツメグを少量ふる。ねぎの甘みがでたら水を加え、水分が半量になるまで煮詰める。
②豆乳を加え、ひと煮立ちしたら火を止めて、味噌を溶き入れる。ブレンダーやミキサーなどで撹拌してなめらかにする。
③生クリームを加え、温める。塩、こしょうで味を調える。
④器によそい、小口切りにした細ねぎを散らす。パンと一緒にサーヴする。

コンルーパを使って　⇒P.52
レーズンバーのアップルジャムソース

[材料・2人分]
パン　2枚
●アップルジャムソース
りんご　1個(正味200g)
グラニュー糖　70g
レモン汁　1／2個分
スターアニス(八角)　好みで適量

①りんごは皮をむいて芯を取り、粗みじん切りにする。鍋に入れ、グラニュー糖とレモン汁をふりかけて、そのまま5分間おく。
②①にスターアニスを加え、中火で煮る。水分が減ってきたら火を弱めて焦げないようにして、合計15～20分間煮る。
③棒状に切ってトーストしたパンに、アップルジャムソースをのせて食べる。

アニス・エ・イーゴを使って　⇒P.56
マスカルポーネといちじくのタルティーヌ

[材料・4人分]
パン(スライス)　4枚
いちじく　2個
マスカルポーネチーズ　100g
しょうがの絞り汁　1／2片分
はちみつ　好みで適量
ピスタチオ(粗みじん切り)　適量

①いちじくは4～6等分のくし形に切る。
②マスカルポーネチーズにしょうがの絞り汁、はちみつを加えてよく混ぜ合わせる。
③パンに②をたっぷりのせ、いちじくをのせる。ピスタチオをふる。

エスプレッソ食パンを使って　⇒P.60
キャラメルマキアートパン

[材料・2人分]
パン　2枚
生クリーム　1／2カップ
グラニュー糖　小さじ1
●キャラメルソース
キャラメル(市販)　5粒
牛乳　大さじ1

①生クリームにグラニュー糖を加え、八分立て程度に泡立てる。
②キャラメルソース:小さめの耐熱ボウルにキャラメルと牛乳を入れ、ラップフィルムをかけずに600Wの電子レンジで40秒間加熱する。よく混ぜてなめらかにする。溶け残りがあったら、様子をみながら10秒間ずつ再加熱する。
③パンに①のクリームをたっぷりぬり、②のソースをかける。

ムナを使って　⇒P.64
オレンジ風味のデザートパンプレート

[材料・2人分]
パン(スライス)　2枚
オレンジ　1個
グラニュー糖　小さじ1
コーンスターチ　小さじ1
バニラアイスクリーム　適量
ミント　好みで適量
●アイスミントティー
紅茶(アールグレイ)　適量
ミント　適量

①オレンジは二等分する。半分は皮をむい

て果肉を取り出し、残りは果汁を搾る。
②小鍋にオレンジ果汁、グラニュー糖、コーンスターチを入れ、混ぜながら沸騰させる。とろみがついたら、火からおろして粗熱を取る。
③パンを皿にのせ、オレンジの果肉、アイスクリームを盛り合わせ、②のソースをかける。好みでミントを散らす。
④グラスに氷とミントを入れ、紅茶(アールグレイ)を注ぐ。③と一緒にサーヴする。

抹茶&大納言を使って ⇒P.72

抹茶&大納言の アングレーズソース

[材料・2～3人分]
パン(スライス)　2枚
●アングレーズソース
卵黄　2個
グラニュー糖　20g
バニラビーンズ　1/2本
牛乳　180ml

①鍋に牛乳、半分に裂いたバニラビーンズを入れ、沸騰寸前まで温める。
②ボウルに卵黄を入れて泡立て器で溶きほぐす。グラニュー糖を加え、もったりするまで混ぜ合わせる。
③②に①を少量ずつ注いで混ぜる。これを鍋に戻して弱火にかけ、混ぜながら温めてとろみをつける。
④皿に③のソースを流し、ひと口大に切ったパンをのせ、からめながら食べる。

はさみ、上にクリームと丸のままのいちごをのせる。

チビくりを使って ⇒P.80

スパイシーチャイとチビくり

[材料・2人分]
パン　2個
●スパイシーチャイ
紅茶葉　ティースプーン山盛り3杯
水　1カップ
牛乳　1カップ
シナモンスティック　小片
カルダモン　2粒
クローブ　2個
ナツメグパウダー　少量
しょうが(スライス)　小片

①小鍋に水、紅茶葉、スパイスとしょうがを入れて火にかける。沸騰したらすぐに火からおろし、5分間おく。
②牛乳を加え、ひと煮立ちさせる。茶漉しで漉してカップに注ぎ、パンと一緒にサーヴする。
＊スパイスの量や種類は好みで加減する。

栗とカシスの食パンを使って ⇒P.68

メープルくるみバターの ディップパン

[材料・つくりやすい分量]
パン(スライス)　適量
●メープルくるみバター
くるみ　120g
メープルシロップ　大さじ2
バター　50g

①フライパンを弱火にかけ、くるみをじっくりから煎りする。粗熱を取り、もむようにして皮をむく。
②フードプロセッサーでくるみを細かく砕く。油分が浮いてきたら、メープルシロップとバターを加え、なめらかなペースト状になるまで回す。
③パンに②をぬる。

デリツィア ラ チョコラータを使って ⇒P.76

ビターチョコのショートケーキ

[材料・2人分]
パン(スライス)　4枚
いちご　6個
生クリーム　1/2カップ
グラニュー糖　小さじ1/2
練乳　小さじ1

①ボウルに生クリーム、グラニュー糖、練乳を入れ、七～八分立て程度に泡立てる。
②いちごはへたを取り、4個は4等分に切る。切ったいちごと①のクリームをパンに

本書の
パンのお店

＊店名五十音順

カタネベーカリー
Katane Bakery

この店を訪れた人は、きっと思うことだろう。「こんな店が近所にあったら」と。開店は朝7時。棚には続々とパンが並び、近所の人が朝食のパンと牛乳を買いに来たり、駅へと向かう勤め人が立ち寄ったり、清く正しいパン屋の姿がここにある。居並ぶ商品は、本書紹介の食パンも含めて本気度100％。ヨーロッパ風ハードパンはオーナーシェフ・片根大輔さんの真骨頂だし、近所の子どもが小遣いを握りしめて買いに来るおやつパンは、少量ずつ日に何度も焼き、少しでもおいしくと心を砕く。ソーセージに至るまで自家製の惣菜パンも大人気だ。地下のカフェでは、夫人の智子さんがパンの楽しみ方を提案する。

東京都渋谷区西原1-7-5
03-3466-9834
http://www4.point.ne.jp/~katane/

ダン ディゾン
Dans dix ans

吉祥寺の中心街から離れて、ひっそりと地階に構えるショップはモダンで硬質な空間。茶室のような静謐さに気圧されて、ドキドキしながらパンを眺めていると、ガラス越しの厨房から焼き立てパンのいい匂いが漂ってくる。「毎日食べるものだから、おいしく、からだにやさしく」をモットーにオープンしたのが、2003年。信頼できる材料から安全なパンをつくり出す堅実さ、味の輪郭がくっきりとした惣菜パンやおやつパン、つくり手のプライドが垣間見えるハードパンが支持され、"パンならこの店で"と心に決めた固定客多数。店名にこめられた「10年後にも愛されるパン」の実現も間近だ。

東京都武蔵野市吉祥寺本町2-28-2 B1
0422-23-2595
http://www.dans10ans.net/

トースト ネイバーフッドベイカリー
TOAST neighborhood bakery

JR根岸線山手駅から徒歩15分。本牧通り沿いに長く続く商店街の一角に、2010年にオープン。イギリスを意識したというレンガ壁の外観が目をひく。店名からもわかるように、食パンが店の看板商品だ。「日本の食パンの原点はイギリスのレシピにある」との考えのもと、3つの生地から8種類の食パンを焼いている。イギリス流レシピによるクイックブレッドやバースパン、独自の解釈でアレンジしたカレーパンなど、他店ではお目にかかれない商品も多い。米粉のパンは月・火・土曜、フランスパンは火・金・日曜など、曜日限定のパンもある。元町にあるカフェ「カオリズ」の系列店。

神奈川県横浜市中区本郷町1-25
045-263-8264
http://www.toastbakery.jp/

トラスパレンテ
TRASPARENTE

翌朝でもおいしい食パンに、子どもも食べ切れる100円台の小さな菓子パン。ちょっとした手土産にもなるお菓子のようなリッチなパン……。トラスパレンテのパンの魅力は、さまざまなシーンにフィットする商品設計にある。オーナーシェフの森直史さんがいつも考えているのは、「どんな風に食べてもらうか」。食卓にのぼるところまでイメージしながらパンをつくっているからだろう。2011年夏にオープンした学芸大学店ではエスプレッソドリンクやワインも提供し、目指すはイタリアのバール。一日中パンのある食卓を楽しんでもらうべく、新たなステージに一歩を踏み出している。

● 中目黒店
東京都目黒区上目黒2-44-24
COMS中目黒1F
03-3719-1040

● 学芸大学店
東京都目黒区鷹番3-8-11
ベルドミール・レナ1F
03-6303-1668
http://www.trasparente.info/

とらやベーカリー
TORAYA BAKERY

3人も入ればいっぱいの小さな売り場に所狭しと並ぶ約50種類のパン。定番の食事パンや菓子・惣菜パンを中心とする品揃えだが、どれも存在感は抜群。たっぷりのフィリングを詰めこんだあんパン、あられ糖をまぶしたメロンパンやかわいい模様を描いたクリームパンをはじめ、シンプルなのに力強さや遊び心を感じさせるのが「とらやベーカリー」のパンだ。調理担当は、オーナーシェフの森岡進さんを含むたった2人。そして夫人の良恵さんが販売をサポートする。なじみやすい商品構成とアットホームな店づくり──気取らないスタイルが年配層も多い下町のお客をとりこにしている。

東京都葛飾区東金町3-17-4 とらやビル1F
03-5660-2355
http://toraya-bakery.at.webry.info/

ネモ・ベーカリー＆カフェ
nemo Bakery & Café

東急目黒線武蔵小山駅から徒歩3分。住宅地に近い細い車道沿いに2007年にオープン。「オーバカナル」「アトリエ・ドゥ・リーヴ」などで活躍したシェフの根本孝幸さんは、三重県産の「タマイズミ」をはじめ、つくり手の顔が見える小麦粉や、ちょっと扱いの難しい小麦粉を好んで使う。食パンの品揃えは、プレーンなものからオリジナル色の強いものまで8種類と多彩で、週末には100斤を売る人気ぶりだ。ベーカリーの奥には20席のカフェがあり、自慢のパンを使ったメニューを各種取り揃えている。19時以降提供のビールやワインなどにもよく合う、がっつり系サンドイッチも好評だ。

東京都品川区小山4-3-12
TK武蔵小山ビル1F
03-3786-2617
http://www.nemo-bakery.jp/

パナデリーア ティグレ
PANADERIA TIGRE

チャーミングな虎のイラストが目印。お客を迎えるのはバラエティに富んだ100種類のパン。誰もがお気に入りのパンに出会えるように――オーナーシェフ・望月哲二さんの思いが詰まった品々だ。とくに力を入れているのが、食事パン4種類と菓子・惣菜パン15種類を揃えるバゲット生地の商品。バゲットの多彩な魅力をアピールしようと、配合や具材、成形や焼成の方法を変えてアイテムの幅を広げている。わくわくするような品揃えに加え、子どもも手が届くようにあんパンを100円で販売したり、昼時に合わせて大きなピザを焼き上げたりと、地域密着を志向したパフォーマンスも魅力だ。

東京都世田谷区下馬6-20-4
03-3414-5269
http://www.panaderia-tigre.com/

ブーランジェリー・エ・カフェ マンマーノ
Boulangerie et Café Main Mano

フランス風の瀟洒な店構えに引き寄せられて中に入ると、70種類を超える焼き立てパンに取り囲まれる。食パンのバリエーションは、プレーンな角食パンからハードなタイプ、クロワッサン生地、くるみやごまを練りこんだものまで7種類と充実。外国人住民が多い街だけに、クロワッサンはフランス仕込みの本格レシピ。みんなが大好きなおやつパンにも力を注ぎ、たとえばメロンパンにはカスタードクリームをたっぷり詰めてワンランク上のおいしさを演出するなど、「うちの店ならではのおいしさ」にこだわる。併設のカフェは、地元住民の憩いの場になっている。

東京都渋谷区西原3-6-5　MH代々木上原1F
03-6416-8022

● 東北沢店
東京都渋谷区大山町10-3 カーサルーチェ1F
03-6407-8310
http://www.mainmano.jp/

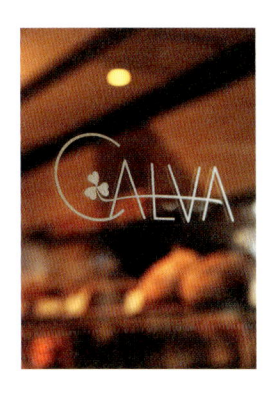

ブーランジュリー&
パティスリー カルヴァ
Boulangerie Pâtisserie CALVA

兄の田中聡さんがパンを焼き、弟の二朗さんがケーキをつくる大船駅前の人気店。兄弟で2009年に開業した。聡さんは東京プリンスホテルを経て渡仏し、サヴォワの「サン・ユベール」で修業。帰国後、「ミクニ マルノウチ」のシェフ・ブーランジェを務めた実力派だ。ハード系の食事パンから菓子パンまで、90種類を上回る商品構成でお客を楽しませる。その技術とセンスは食パンにも発揮され、季節ごとに練りこむ材料が変わる野菜や果物の食パンなど、個性的で完成度の高い商品を各種取り揃える。生菓子と焼き菓子も充実しており、パンとケーキの両方を買い求めるお客が多い。

神奈川県鎌倉市大船1-12-18
エミールビル1F
0467-45-6260
http://www.calva.jp/

ブーランジェリー
パサージュ ア ニヴォ
BOULANGERIE Passage à niveau

店名はフランス語で「踏切」の意味。かつて、踏切がすぐそばにあったことから名づけたのだという。オーナーシェフの大和祥子さんは、バゲットのおいしさに魅了されて、インテリアコーディネーターからパン職人へ転身。2008年に夫の真さんとともに独立開業を果たした。対面式のこぢんまりとしたショーケースには、バラエティ豊かなパンが所狭しと並び、本書掲載の「チビくり」が一番目立つ場所でお客を迎える。店のイメージキャラクターが剽軽なバゲットなのは、長時間発酵で仕込む自慢の看板商品だから。わずか4坪の店内は、いつも地元客で賑わっている。

東京都武蔵野市境南町1-1-20
0422-32-2887

毎日食べたい
食パン
プロ10人の"ワザあり"レシピとおいしい食べ方

初版印刷	2012年1月30日
初版発行	2012年2月15日
編 者 ©	柴田書店編
発 行 者	土肥大介
発 行 所	株式会社 柴田書店
	東京都文京区湯島3-26-9 イヤサカビル 〒113-8477
	電話 営業部 03-5816-8282（問合せ）
	書籍編集部 03-5816-8260
	URL http://www.shibatashoten.co.jp
印刷・製本	図書印刷株式会社

本書収録内容の無断掲載・複写（コピー）・引用・データ配信等の行為は固く禁じます。
落丁、乱丁本はお取り替えいたします。

ISBN978-4-388-06133-4
Printed in Japan